# 生态翻译学的理论与实践研究

胡 维 著

吉林摄影出版社
·长春·

图书在版编目（CIP）数据

生态翻译学的理论与实践研究 / 胡维著. -- 长春：吉林摄影出版社，2021.12

ISBN 978-7-5498-5236-9

Ⅰ.①生… Ⅱ.①胡… Ⅲ.①翻译学－研究 Ⅳ.①H059

中国版本图书馆CIP数据核字(2022)第003644号

# 生态翻译学的理论与实践研究
SHENGTAI FANYIXUE DE LILUN YU SHIJIAN YANJIU

| | |
|---|---|
| 著　者 | 胡　维 |
| 出版人 | 车　强 |
| 责任编辑 | 李　冰 |
| 封面设计 | 晟　熙 |
| 开　本 | 787毫米×1092毫米　1/16 |
| 字　数 | 200千字 |
| 印　张 | 8.75 |
| 版　次 | 2022年1月第1版 |
| 印　次 | 2022年1月第1次印刷 |
| 出　版 | 吉林摄影出版社 |
| 发　行 | 吉林摄影出版社 |
| 地　址 | 长春市净月高新技术开发区福祉大路5788号 |
| | 邮编：130118 |
| 网　址 | www.jlsycbs.net |
| 电　话 | 总编办：0431-81629821 |
| | 发行科：0431-81629829 |
| 印　刷 | 北京宝莲鸿图科技有限公司 |

书　号　ISBN 978-7-5498-5236-9　　　定　价：58.00元

版权所有　侵权必究

# 前　言

随着经济全球化的推进，国家之间的文化交流逐渐扩展、深入，翻译在文化传播中的价值也越来越突出，而生态翻译学就是在这一背景下应运而生的。随着国家之间文化交流的深入，翻译的重要性逐渐凸显。我国翻译学者通过学术研究与实践探索，从不同角度对于翻译学进行构建，其中生态翻译学就是立足于生态整体主义理论，结合生态系统的内在联系，依靠文本的生命与译者的能力而形成的一门新的翻译理论。本书从生态翻译学的基本内容出发，对翻译中体现出的生态系统的理性特征进行探究，进而结合实践思考生态翻译学对翻译工作的指导意义。

注重翻译群落。群落的概念源于生态学，即在一定的时空内，各种物种种群集合，其中包括动物群落、植物群落、微生物群落等。群落是生态个体与生态环境相互作用形成的，而在翻译学中，群落的概念也可以类比形成，即在一定的翻译生态系统中，翻译者、读者、出版商、评论家、赞助商等角色相互支撑、相互影响，构成了翻译群落；而翻译群落则通过内部的力量实现与翻译生态系统的沟通交流，从而达到翻译生态平衡的目的。

注重翻译伦理。随着生态学研究的深入，人类越来越重视自身在与生态环境中其他个体相互过程中的道德规范，即生态伦理。生态伦理是基于人性的角度对生态环境的理解与保护；而在翻译学中，翻译伦理则从文化、翻译本体以及翻译群落等多个角度提出了道德规范。例如，在文学翻译中，翻译者应根据语言表达、文化互动、社会交流中进行多维分析，以体现翻译在伦理层面的价值。

注重多样性的统一。生态系统中包含多样元素，如生物的多样性是生态系统正常运转的必要条件；此外，生态系统中多样元素还需要实现协调，这样才能确保多样元素环环相扣，形成一个统一的整体。生态学中的多样与统一，在翻译学中也具有深刻的启示意义。例如在文学作品翻译中，翻译者需要兼顾不同文化对同一客观现象的多样性表达，同时还尽量实现一体化语言，在作品中实现多样性的统一。

# 目 录

## 第一章 英语翻译概述 ............................................. 1

### 第一节 当代英语翻译教学现状 ................................... 1
### 第二节 英语翻译教学的理念与目标 ............................... 5
### 第三节 英语翻译教学的模式与原则 ............................... 8
### 第四节 英语翻译的主要方法 ..................................... 11
### 第五节 英语翻译的文化因素 ..................................... 12
### 第六节 功能翻译理论下的英语翻译 ............................... 14
### 第七节 功能对等视域下的英语翻译 ............................... 16
### 第八节 目的论视角下的英语翻译 ................................. 18
### 第九节 英语翻译中的直译 ....................................... 21

## 第二章 英语翻译的理论与实践研究 ................................. 24

### 第一节 英语翻译实践中的母语负迁移 ............................. 24
### 第二节 英语翻译专业实践教学模式 ............................... 26
### 第三节 科技英语翻译理论和实践的关系 ........................... 27
### 第四节 英语习语的翻译理论和实践研究 ........................... 31
### 第五节 新时代审计英语的要求与翻译实践 ......................... 33
### 第六节 典籍翻译理论与英语教学实践 ............................. 36
### 第七节 文化建构与文化欠缺对英语翻译实践的影响 ................. 40

## 第三章 生态翻译学的基本内容 ················· 42

### 第一节 生态翻译学的艺术维度及其转换 ················· 42
### 第二节 生态翻译学"四译说"新解 ················· 48
### 第三节 生态翻译学研究与发展中的理论自信 ················· 55
### 第四节 生态翻译学和模因论的对比及衍生 ················· 62
### 第五节 生态翻译学对口译环境的影响 ················· 64

## 第四章 生态翻译学视角下的翻译思想诠释 ················· 68

### 第一节 林语堂翻译思想的生态翻译学评释 ················· 68
### 第二节 杨宪益翻译思想的生态翻译学解读 ················· 72
### 第三节 张谷若翻译思想的生态翻译学探析 ················· 77
### 第四节 葛浩文翻译思想的生态翻译学阐述 ················· 79

## 第五章 生态翻译学视角下的词汇翻译研究 ················· 84

### 第一节 生态翻译学视角下叙词表术语的翻译 ················· 84
### 第二节 生态翻译学视角下文化负载词的翻译 ················· 89
### 第三节 生态翻译学视角下的英语修辞格翻译 ················· 92
### 第四节 生态翻译学视角下公示语的翻译 ················· 95
### 第五节 生态翻译学视角下影视剧名翻译 ················· 99

## 第六章 生态翻译学视角下的文化翻译研究 ················· 103

### 第一节 生态翻译学视角下的传统文化元素翻译 ················· 103
### 第二节 生态翻译学视域下的《论语》英译 ················· 107
### 第三节 生态翻译学视角下的中原典故英译 ················· 110

**第七章 生态翻译学视角下的英语教学研究** ································ 115

    第一节 生态翻译学及其对翻译实践的指导意义 ·················· 115

    第二节 胡庚申"生态翻译学"的方法论特征及其意义 ············ 117

    第三节 生态翻译学理论对旅游景区公示语英译的指导意义 ········ 124

**参考文献** ································································ 128

# 第一章　英语翻译概述

## 第一节　当代英语翻译教学现状

当代英语翻译教学的现状并不乐观，还存在诸多问题，下面我们就对这些问题进行简要的分析。

### 一、教学大纲中存在的问题

虽然翻译十分重要，但翻译教学在英语教学中并没有引起足够的重视。首先，作为大学英语教学的纲领性文件《大学英语教学大纲》，对翻译教学并没有给予充分的重视。1999年版的《新大纲》在其教学目的中提及了培养学生的翻译能力，但其重点仍然是培养学生具有较强的阅读能力和一定的听、说、读、写、译能力。2004年版《大学英语课程教学要求（试行）》的教学目标集中在培养学生的英语综合应用能力，特别是听说能力方面。因此，可以看出翻译教学在大学英语教学中并没有受到重视。其次，大学英语一直是一门基础课程，高校大都开设有精读、泛读和视听说课程。然而翻译教学一直备受冷落，处于可有可无的地位。在1996年的四级考试中首次出现英译汉题型后，直到2002年的12次考试中，翻译题只出现了两次，对大学翻译教学的指导作用不大。2004年的《全国大学英语四、六级考试改革试行方案》将翻译列入考试项目，由改革前的英译汉变为汉译英，在试卷的综合测试部分与篇章问答轮流出现，试题分值占试卷总分的5%。在举国瞩目的四级考试中，翻译终于有了一席之地，但所占分值微乎其微。

### 二、学生在翻译实践中存在的问题

翻译能力是语言综合运用能力之一，从目前一些公认的测试中可以看出，目前学生的翻译能力还存在很多的问题，主要表现在以下方面。

#### （一）"喋喋不休"

有很多学生在翻译过程中过于频繁地使用"的"字。一见到形容词,就会机械地翻译为"……的"。例如：

It serves little purpose to have continued public discussion of that issue.

原译：继续公开讨论那个问题是不会有什么益处的。

改译：继续公开讨论那个问题没有益处。

The record has been considered soft ever since it was set last June.

原译：自从 6 月份创造了这个纪录以来，人们一直认为它是很容易被打破的。

改译：人们一直认为去年 6 月创造的纪录很容易打破。

The decision to stop attacking was not taken lightly.

原译：停止进攻的决定不是轻易做出的。

改译：停止进攻的决定经过了深思熟虑。

（二）不善于增减词量

不善于添加或减少词也是译文中常见的错误。学生在翻译过程中通常是英文原文中有几个词，其译文就有几个词，不善于根据汉语译文的需要改变词量，这种译文常出现错误甚至过于累赘。例如：

Women screamed, and kids howled, but the men stood silent, watching, interesting in the outcome.

原译：女人尖叫，小孩欢闹，男人们静静地站着看着，对结果感兴趣。

改译：只听到女人们在尖叫，小孩们在欢闹，男人们则静静地立在那儿袖手旁观，饶有兴味地等着看结果。

Her grace was a delight.

原译：她的优雅是一种快乐。

改译：她的优美风度，令人欣悦。

（三）方言及口语词汇使用严重

在我国多地都使用方言，所以在翻译的过程中也常有方言俚语出现，这些方言俚语的出现有时会使人觉得十分别扭。例如：

"But, Papa, I just cannot swallow it, not even with honey."

原译："可是，爹，我受不了，就是拌了蜜也咽不下呀。"

改译："可是，爸，我受不了，就是拌了蜜我也受不了啊。"

The children lived in terror of their stepfather, who had borne down on them so often and so hard that there was little left.

原译：孩子们对他们的继父怕得要死，继父经常整他们而且整得很重，简直把他们整瘪了。

改译：孩子们对他们的继父怕得要死，因为继父时不时就狠狠地教训他们一顿，他们已经无力应对了。

所以，我们在翻译中要尽量使用普通话，至于英语原文的古今雅俗之别，可适当选用一些在今天仍具生命力的文言词语和已经融入普通话并被各方言区读者普遍接受的方言俚语加以表达，但要格外慎重。

## （四）不能正确选择或者引申词义

部分学生不能正确选择词义或者根据上下文引申词义，从而造成译文理解上的障碍，甚至闹出笑话。例如：

He has developed an interesting gardening.

原译：他对园艺发展了兴趣。

改译：他对园艺产生了兴趣。

The aim of this course is to developed the students writing skill.

原译：这门课的目的是发展学生的写作技巧。

改译：这门课的目的是培养学生的写作技巧。

通过上述例子可以看出，学生在确定词义时，没能根据该词在行文中的搭配、组合关系来判断。英语单词的词义比较灵活，同一个词、同一词类，在不同场合往往会有不同的含义，在翻译时，必须根据上下文的联系、逻辑关系或句型来判断和确定某个词在特定场合下应具有的词义，甚至还要将词义加以引申。如果脱离上下文，孤立地译一个词，就很难确切地表达句子的深层意义。

## （五）语序处理不当

汉语的逻辑性很强，其语序通常依据一定的逻辑顺序按照由原因到结果、由假设到推论、由事实到结论、由条件到结果的次序有先有后、有主有次地逐层叙述。而英语的语序较为灵活，通常开门见山，直奔主题，然后再做解释。在表达多层逻辑思维时，英语常根据句子的意思和结果灵活安排语序。然而学生在翻译时往往拘泥于英语原文的词序，造成句序或者词序的错误。在英汉表达习惯不同的情况下，常出现一些牵强、别扭的译文。例如：

It is simple that they do the same things in different ways.

原译：只不过是不同的人做同样的事以不同的方法。

改译：只不过他们用不同的方式做同样的事情而已。

The doctor is not available because he is handing an emergency.

原译：医生现在没空，因为他在处理急诊。

改译：医生在处理急诊，现在没空。

## （六）模式过于固定

英语中被动语态使用较广，学生翻译这种句型时经常译成"……被……"，使译文死板生硬。例如：

It is considered of no use learning a theory without practice.

脱离实践学理论被认为毫无用处。

这样翻译虽然没有错误，但是很牵强。由于汉语中被动句的适用范围很狭窄，所以在翻译被动句时，除一些可以保持被动语态外，很多情况下可译成主动句。这句话可改译为：人们认为脱离实践学理论毫无用处。

### （七）长句处理不当

长句在英语中经常出现，学生在译这些长句时，往往不善于将长句中的前置词、短语、定语从句等转译成分句，从而在译文中出现我们不习惯的外语式长句。例如：

Think of ways to turn a trying situation into a funny story which will amuse your family and friends.

想办法把不愉快的处境变成一个能逗你的家人和朋友的有趣乐事。

例子中含有定语从句，译文语法虽然没错，但不符合汉语习惯，当英语定语从句的结构较为复杂时，可以将句中定语部分译成分句。这句可译为：想办法将令人尴尬的处境变成一件引人发笑的趣事，给你的家人和朋友带来一点快乐。

Since hearing her predicament, I have always arranged to meet people where they or I can be reached in case of delay.

听了她的尴尬经历之后，我就总是安排能够联系上的地方与别人会见，以防耽搁的发生。

该句比较长，含有状语从句，原译给人的感觉比较混乱，让人看了之后不太明白。这句话可译为：听她说了那次尴尬的经历之后，每每与人约会，我总是要安排在彼此能够互相联系得上的地方，以免误约。

从平时的学期考试和被公认为可以衡量英语学习者水平的一些大型标准化测试来看，学生的实际翻译水平亟待提高。同时，在学生的翻译练习实践中也暴露出了很多不足。

在平时的学习过程中，很多学生并没有对老师布置的课文或句子翻译练习进行仔细的推敲和揣摩，总是直接在教辅书上对一下答案。即使在做模拟试题时，也跳过翻译部分，或草译一下便急于核对答案。这样的学生寄希望于老师讲解，不愿亲自下功夫实践，惰性强，依赖心理重，于是就产生了盲目焦虑的情绪。

还有一部分学生认识到自己翻译能力方面的不足之后，非常重视，对平时的翻译学习和操练也持认真的态度。但他们并没有找到适合自己的学习方法，有的稀里糊涂地做一大堆练习而不善于及时归纳总结知识要点，还有的随便找一本翻译理论书硬啃条条框框，更不懂得将翻译学习与其他技能的提高联系起来，其结果是翻译学习事倍功半，产生了畏难情绪。

上述两类学生的心理和情绪都不利于翻译知识的学习与翻译能力的提高。

### 三、教师在教学中存在的问题

翻译是有效进行口头和书面交流信息的重要技能，翻译教学是英语教学的重要组成部分，教学的好坏在很大程度上取决于教师，但教师在翻译教学过程中存在诸多的问题，影响了翻译教学的提高。

### （一）教学形式单一

目前的翻译教学，除课文的英译汉外，主要是指导学生做汉译英练习。教师在教学过程中方法及形式单一，常采用如下步骤：先布置学生做练习；然后批改练习，力求将学生作业中的全部错误挑出，并逐一改正，唯恐落下"误人子弟"的骂名；最后讲评练习，仍以改错为主，针对普遍性的典型错误一一评析。这种教法尽管费时费力，但是效果不尽如人意[1]。

### （二）重视程度不够

目前英语教学大纲对翻译能力培养的要求不够具体，翻译在教学过程中的地位和作用没有其他英语技能显著。教师大多采用传统的翻译之法，非常肤浅地比较两种语言之间的异同，只是把翻译当作理解和巩固语言知识的教学手段，注重的是语言形式而非语言内涵，强调的是翻译知识而不是翻译能力。教材中的翻译练习只是被简单地一笔带过，常常只是强调一下翻译材料中重复出现的关键词和句型，对对答案，缺乏系统的翻译训练。对于翻译技巧的讲授缺乏整体的规划，往往有时间就讲，没时间就不讲，随意性很强。

### （三）一言堂

大多时候翻译课堂的气氛沉闷，教学效果不好，不符合"以学生为中心"的现代教育理念。这是因为，在课堂上，教师成为主体，一味地在课堂上讲，学生一味地听，却没有发言的机会。所以，英语翻译教学应一改过去以教师为中心和"一言堂"的做法，发动学生同桌互改，或小组讨论、集体修改，或者针对某一学生的作业，由全班同学讨论修改。这样的教学方法，可以开阔学生思路，培养他们主动学习、自己发现问题并解决问题的能力，还能活跃课堂气氛，提高教学效果。

针对上述情况，教师首先要明确翻译教学是英语教学中一个必不可少的重要组成部分。然后要确立把翻译作为语言基本技能来教的指导思想，把翻译知识和技巧的传授融入精读课文的教学中，有意识地培养学生的翻译能力，从而促进学生其他能力的提高。

## 第二节　英语翻译教学的理念与目标

### 一、英语翻译教学的理念

英语翻译教学的目的是使学生掌握必要的翻译知识，初步习得翻译技能，其理念大致包含以下几点。

#### （一）翻译教学的先导

翻译课程的先导是翻译理论，理论的意义在于它对课程的指导作用，就目前的理论而言，不仅学派众多，而且理论繁杂。如果把不同学派的理论观点和相关内容全都搬进翻译理论中，不仅会使人感到空泛，也不具备条理性和科学性。很多翻译理论都是传统的理论，多来自宗教和文学，相对来说缺乏实用性。据有关数据统计，大部分的翻译理论只适用于占每年翻译

---

[1] 平君.基于应用语言学的大学英语教学模式改革研究[J].吉林省教育学院学报，2018,34(8):75-77.

工作大概 4% 的文学翻译，而占了超过 90% 的实用翻译则在理论层面很少谈到。这种理论与实践上的不平衡使得很多人都觉得翻译理论没有实用价值。

相比较而言，翻译功能目的论是比较切合实用翻译的。该理论认为：决定翻译过程的不是原本本身或原本对接受者产生的影响或反映，亦非作者赋予原本的功能（等值或等效论如此认为），而是译本的预期目的与功能。实用文体翻译一般都有现实的甚至功利的目的。这种目的在很大程度上受翻译委托人、译本接受者及其文化背景和情境的制约。目的和功能是实用文体翻译的依据和依归，而功能目的论的理论核心也在于目的和功能两相印证，理论和实践有可能很好的结合。实际上，学校开设翻译课就是为了让学生在实际中能够运用，而在实践中也能够看到，学生选择这门课很大程度上就是为了在相关考试中得高分或为今后实际工作而考虑。所以，假如运用翻译的功能目的论指导学生的翻译课程将有利于调动学生学习的创造性和积极性。

### （二）翻译教学的基础

语言的对比是翻译教学的基础，大家在学英语的过程中都有这样的体会，一旦脱离说英语的环境，我们总是本能地说汉语，这一点对初学者来说更加明显。然而当我们有了一定的词汇量时，我们就会愿意说英语，但是在这个过程中，我们会把中英文进行比较，也就是说当我们有些短语不知该怎么翻译时，就会用中文的思维方式去翻译。比如 20 世纪 30 年代有人把 the Milky Way 硬译成"牛奶路"已成为翻译史上的趣谈。学生把"他的英语水平比我高"译成 The level of this English is higher than me。这种汉化的英语就是由于不了解英汉两种语言形式上的差异，生搬硬套造成的结果。在两种语言的转换过程中，译文是对比或比附的产物。翻译课的目的是把不自觉的错误对比转化为有指导的对比，从而深入认识两种不同语言之间的异同。

语言对比的重点在于异中有同以及各有不同这两个方面。各不相同之处有很多，重要的如词序的不同、信息重心安排的不同、连接方式的不同等。然而异中也有同，在英、汉语中均有介词，有时用法也是相同的。但是汉语介词多数从动词变化而来，有的到现在还难以确定它是动词还是介词。而英语的动词和介词截然不同。由于这一区别，英语介词在汉语中往往要用动词来翻译。例如：to go by bus，坐公交车去；a girl in whit，穿白衣服的女孩。诚然，异也不是绝对的异。通过大量的同中有异，异中有同的对比，可克服母语干扰，从而达到正确理解和通顺表达的目的。

### （三）翻译教学的主干

翻译技巧是翻译教学的主干。掌握翻译理论和语言对比的规律只是从科学的角度帮助译者了解翻译的实质与原则，开启正确的、完善的翻译思路，而要真正搞好翻译，还需要勤学苦练、潜心实践，另外还要注意翻译的方法，讲究翻译技巧。翻译课是以继承和传授前人已经总结出来的宝贵经验为其主要内容的，这些经验包括理解和表达两个方面，反映在翻译的方法与技巧上。例如，从句子形态上来看，汉语由于修饰语、定语在前，结构重心经常提前，而英语句子的结构重心经常放在句末，把较长、较复杂的成分放在后面，因此翻译上常需调整词序。

（四）翻译教学的手段

翻译教学是以分析综合为手段的。在翻译中会发现，对于同一个句子可以有多种翻译，语法结构都没有错误，可是肯定会有一个是最佳的。要想翻译得精准，不仅要求译者头脑通达、清晰、锐利，还要有深厚的文字功底。这样翻译出来的句子或文章才会思路完善透彻，语言简洁、清新、优美。

在翻译的过程中，我们要充分运用综合与分析两种手段，即从总体及其系统要素关系上，连点成线、集线成面、集面成体，又对各个层面进行动态或静态的分析戏察，透过现象从本质上去观察事物的本来面目。在表达过程中，同样有分析与综合两个方面，分析是手段，综合是目的。

（五）翻译教学的载体

课堂教学是翻译教学的载体，教师通过课堂教学可尽量详解教材，并对知识、技能、过程、方法与感情、态度以及价值观进行相应的引导。课堂教学应努力贯彻以实践为主、以学生为主的原则，大致可包括教师讲解、范文赏析、译文对比、学生练习和练习讲评五个环节。

1. 教师讲解

在课堂上，教师讲解的重点是以英汉语言对比为基础分析译例，提示技巧，把学生对翻译的感性认识提高到理性认识。

2. 范文赏析

选择一些语言优美而又容易的名人名译，既有赏心悦目之效，又有借鉴临摹之功。

3. 译文对比

选择同一原文的两三种不同的译文，让学生比较揣摩；可比较译文的优劣，也可比较不同的译德译风，择优而从，见劣而弃。

4. 学生练习

练习包括课前复习、课内提问及课后作业，它贯穿于整个教学过程中，也是翻译教学中的重要环节。

5. 练习讲评

练习讲评多从两种语言特点的对比和分析着眼，从翻译思维中一些具体障碍着手，不就事论事地纠缠于细枝末节。

以上的五个环节中，除了讲解主要由教师承担外，在其他四个环节中，讨论是组织教学的重要形式。讨论本身有不同形式：可以教师引导，学生讨论，也可以老师提问，学生作答，或者师生一起讨论等。通过讨论，可进一步发挥学生学习的主动性，使教师与学生、学生与学生相互沟通，最终使翻译的整体教学得以实现[1]。

---

1 苗兴伟，秦洪武. 英汉语篇语用学研究 [M]. 上海：上海外语教育出版社，2010.

## 二、英语翻译教学目标

英语翻译教学目标主要归纳为以下三点：

### （一）使学生了解翻译的基本概念、性质、形式和认知过程

在学习的初级和中级阶段，翻译教学要帮助学生了解翻译的一些基本知识，如翻译的基本概念、翻译的主要性质、翻译的各种形式、翻译的重要作用、翻译市场、翻译的主要标准、翻译的基本原则、笔译与口译的种种差别、口译和笔译的基本技巧以及不同语言之间信息转换的过程等。尤其要使学生了解语言知识与认知之间的紧密关系，了解对于翻译而言认知知识的重要性。同时，这些知识的传授要贯穿在教学的各个环节中，需要教师与学生的积极互动，也需要学生的积极参与。

### （二）培养学生的双语思维能力，使其掌握基本的翻译技巧与方法

我国学生一直生长在汉语环境中，因此习惯用汉语的思维来思考问题，但翻译要求人们同时用英语和汉语的思维来考虑问题，因此英语翻译教学要培养学生的双语转换思维能力，这也就成了翻译教学的重要目标之一。此外，要想顺利地进行翻译，还离不开一定的翻译技巧和方法，英语翻译教学的另一重要目标就是使学生掌握尽量多的翻译技巧和方法。

### （三）提高学生的双语表达能力

除了要培养学生的翻译技能外，提高学生的双语理解和表达能力也十分重要。因为翻译涉及的是双语交际活动，交际活动中使用的语言，其含义有时是字典中提供的含义所不能涵盖的，因此这就需要在翻译前后进行充分的准备，也就使不断丰富学生的百科知识，增强学生的理解和表达能力成为英语翻译教学的目标。

# 第三节　英语翻译教学的模式与原则

## 一、英语翻译教学的模式

在这里我们着重介绍两种英语翻译教学模式，第一种是以学生为中心的教学模式，另一种是多媒体教学模式。

### （一）以学生为中心的教学模式

现代教育观认为，学习的过程是学生主动接受刺激、积极参与意义构建的思维过程，学生是教学服务的对象，教学过程中应以学生为中心组织教学，充分发挥学生的积极性和创造性，同时也不能忽视教师的引导作用。这就强调了以学生为中心的教学模式的重要性。

以学生为中心的教学模式呈现出显著的教学特点，主要表现为以下几点：

（1）教学的主要目的是培养学生独立的翻译能力。

（2）教学的重点发生了转移，以教师为中心转向了以学生为中心。

（3）注重学生学习的积极性和主动性。

（4）强调翻译的过程。

（5）关注学生信心的树立，要求教师对学生的作业持积极、宽容的态度。

针对学习的认知过程，只有学生主动地参与到学习过程中，才能快速高效地完成学习任务。在学习的过程中，学生的主观态度、意识和情感等因素对学生翻译能力的发挥有着重要影响。所以，在这一模式具体实施的过程中，教师应善于观察和分析学生的心理特点，并根据学生的特点来适当调整教学，为学生营造一个轻松愉悦的学习氛围，充分调动学生的积极性，激发学生学习的兴趣，使学生勇于发表自己的观点。同时，这一教学模式要求教师要结合学生的兴趣、需要、特长以及弱势来组织课堂讨论，以培养学生乐于交流的性格，激发学生的创造性思维，还要求教师对学生的译文持宽容、积极的态度，积极评价学生的优秀译文，树立学生的自信心。因此，无论是在课堂或是课外实践中，教师都应将学生置于教学的主体地位，并依据学生的实际情况开展和组织教学。

（二）多媒体教学模式

传统教学手段的局限性和落后性使得现在越来越多的学校和教师开始在课堂教学中运用多媒体这一新的教学手段。在具体的教学过程中，这一教学模式可分以下步骤进行：

（1）在课堂上教师为学生讲解语篇文体特点等方面的知识，帮助学生理解语篇的基本知识，了解语篇的背景知识和语境。这些活动课采用电脑、电视、投影仪等多媒体手段进行，这样可使学生更快地进入角色，对讲解的基本知识有一个深刻的了解。

（2）让学生复述、概括背景知识，教师做必要的补充和纠正，以帮助学生掌握所需了解的内容。

（3）让学生阅读原文，然后独立思考，并着手进行翻译，同时教师帮助学生解决遇到的难题，并做全班讲解。

（4）学生以电子邮件或其他形式提交书面作业，之后教师对学生进行分组，小组内部展示作业，并相互交流发表对译文的不同看法，选出一人将大家的意见综合起来。教师可参与讨论，并对学生的活动和译文做出评价。

从上文中不难看出，首先，多媒体教学模式改变了传统翻译教学的模式，学生不再是被动的接受者，而成为积极的参与者。其次，通过多媒体技术，学生可以更容易也更轻松地体会英汉文体的不同风格，领悟英汉语言之间的差异。再次，多媒体含有丰富的教学资源，为教师和学生提供了大量的信息，同时也为教师和学生带来了信息交流的机会。最后，多媒体这种新颖的教学模式调动了学生的参与积极性，激发了学生的自主性，发展了学生联想和创造性的思维。

## 二、英语翻译教学原则

提高学生的翻译能力、培养学生的交际能力是翻译教学的最终目的。而英语翻译教学的原则始终贯穿其中，指导和促进着翻译教学的进行。因此，英语翻译教学应遵循五个方面的原则：交际原则、认知原则、文化原则、系统原则、情感原则。

### （一）交际原则

交际是语言的重要功能之一，交际也是外语学习的最终目的。外语交际能力主要包括准确接收信息的能力和准确发出信息的能力。而对于翻译教学以及翻译能力的培养而言，交际能力还包含准确转换信息的能力。交际理论认为，语言是表达意义的体系，其主要功能是交际功能，语言的结构反映其功能和交际用途，语言的基本单位不仅仅是它的语法和结构特征，还包括反映话语中的功能和交际意义的范畴。所以，在英语翻译教学的过程中，教师应始终遵循这一原则，在该原则的基础上培养学生的翻译技巧和能力。

### （二）认知原则

学生通常会在自己原有知识的基础上来学习和接受新的知识，同时也会依据自己的认知特点以及自己原有的思维方式来采取不同于其他人的学习方法和策略。所以，在翻译教学过程中，教师应遵循认知原则，充分考虑学生的不同特点，并针对学生的特点设计出能够激发学生兴趣、调动学生积极性的活动模式，引发学生积极进行思考，培养学生自己的学习方法和策略，发展学生的翻译技能，使学生实现有效交际。

### （三）文化原则

外语学习本身就是一种跨文化交际活动，翻译学习更是如此，它要求学生必须了解不同语言国家的政治体制、经济模式、思维习惯、生活方式、风土人情、表达习惯等。所以，在翻译教学中，教师要时刻谨记这一原则，并将学生置于跨文化交际的语境之下，重点培养学生跨文化信息转换的能力，使学生切实感受到只顾语言的对应，不考虑不同国家之间的文化的差异是难以达到交际目的的。

### （四）系统原则

语言是一个庞大而完整的系统，其内部的各个成分和要素之间都是密切联系的，并且有规律可循。翻译教学亦是如此，它是一个繁杂的系统工程，也有自身的规律和方法。因此，在翻译教学过程中，教师应遵从系统的原则，根据翻译的本质、翻译教学的基本规律以及学生和社会的需求，制定系统而科学的教学大纲，以培养学生的翻译技能，增强学生的英语能力，提高翻译教学的效率。

### （五）情感原则

除遵循上述原则外，在英语翻译教学过程中还应遵循情感原则，因为在翻译学习当中，学生的学习动机、学习态度、学习兴趣、学生自身的性格都会影响学生的学习效果。所以，教师应不断引导和调控学生的学习态度以及学生的个人情感。

## 第四节　英语翻译的主要方法

在英语翻译中，翻译方法的掌握尤为重要，本节我们主要介绍一些常见的翻译方法。

### 一、图示方法

图示实际上是一些知识的片段，它以相对独立的形式保存在人的大脑记忆中，对言语的理解其实就是激活大脑中相应的知识片段的过程。人从生下来开始就在同外部世界接触的过程中开始认识周围的事物、情景和人，同时在头脑中形成不同的模式。围绕不同的事物和情景，这样的认知模式就形成了有序的知识系统。图示是人的头脑中关于外部世界知识的组织形式，是人们赖以认识和理解周围事物的基础。如果在面对新的信息时，我们的大脑没有形成类似的图示，就会对理解产生负面的影响。因此，将"图示"引入翻译教学当中意义十分重大，这样可以成功地激发学生头脑中与文本相关的图示，使学生对原文有一个正确的理解。

在翻译时，教师可以为学生提供一些需要激活图示才能正确理解的语言材料，然后要求学生根据这些材料进行翻译。同时，教师要帮助学生记忆语言的形式和功能，帮助学生调动相关的图式，以帮助他们修正和充实对事物的认知图示。

### 二、推理方法

推理是从已知的或假设的事实中引出结论，它可以作为一个相对独立的思维活动出现，经常参与许多其他的认知活动。这里的推理并非译者凭借想象所做出的随意行为，而是文本结构的内在特征。翻译时，人们在看到文本的内容后，往往会根据已有的知识经验做出一系列推理，这些推理为译者提供了额外的信息，把文本中的所有内容联系起来，使人能充分理解每一个句子。因此，在翻译教学过程中，教师要有意识地介绍给学生一些常用的推理技巧，如利用逻辑词进行推理、根据作者的暗示进行推理、根据上下文进行推理等，以培养学生的推理能力。

### 三、语境方法

所谓语境即言语环境，它既指言语的宏观环境，又指言语的微观环境。宏观语境是话题、场合、对象等，它使意义固定化、确切化。微观语境是词的含义搭配和语义组合，它使意义定位在特定的义项上。在翻译的过程中，这两种言语环境都要考虑到，因为只有两者结合才能确定话语的含义。同时，译者不仅要依据自己的语言知识获取句子的意义，还要根据原文语境中的各类信息进行推理、思辨，获取原文作者想要表达的深层意图，进而确定相应的译文，准确地表达原文的意思。

语境在翻译中起着至关重要的作用，翻译中的理解和表达都是在具体的语境中进行的，词语的选择、语义的理解、篇章结构的确定都离不开语境，可以说语境是正确翻译的基础。

因此，在具体的教学过程中，教师要引导学生在理解原文的同时紧扣语境，反复推敲，以达到准确、传神地传达原文意义的目的。

### 四、猜词方法

所谓概念能力是指在理解原文过程中对语言文字的零星信息升华为概念的能力，是原文材料的感知输入转化为最佳理解的全部过程。学生的概念能力在翻译中起着重要作用。一个学生在词汇贫乏时，对词句、段落形不成概念；在对关键词在原文中的含义不甚理解的情况下，得不到文字信息的反馈，就会陷入对内容的胡乱猜测，所以要指导学生使用猜词方法。

翻译中的猜词方法包含以下几种：

（1）根据词的构成猜测生词词义。这是一种比较常用的方法，它要求学生掌握一定的构词法知识，特别是词根、前缀、后缀的意义。

（2）利用信号词。所谓信号词就是在上下文中起着纽带作用的词语。这些词语对猜测生词词义有时能起很大的作用。

（3）根据意义上的联系猜测词义。句子的词语或上下文之间在意义上常常有一定的联系，根据这种联系可以猜测词义。

（4）结合实例猜测生词词义。有时，在下文中给出的例子对上文中提到的事物加以解释，可以结合例子中常用词猜测所要证明的事物中的生词词义；反之，也可以猜测例子中的生词含义。

（5）通过换用词语推测生词词义。在文本中常会使用不同的词语表达同一种意思，难易词语交换使用的现象，据此可猜测生词词义。

## 第五节　英语翻译的文化因素

从来没有一种语言是单纯产生的，语言总是在多种文化因素的相互或者综合作用下形成的。对于英语来说，英语也是在一定地域、一定的文化空间内逐步成长并在现实生活中起作用的。正是因为英语翻译是建立在不同文化之间的沟通与交流基础上的，是文化交流的一种方式与途径。所以，英语翻译从客观上来说，就担当着这种沟通不同文化与不同文化之间差异的角色，一篇英语翻译的质量与水平如何，在更大限度上决定着文化沟通的程度。在全球化视野之下，语言翻译的功能更多的是承担着一种文化沟通与交流的功能，只有从语言学的视角下来真正认识英语翻译的文化功用，才能对英语翻译具有深刻的、根本的理解。同时，英语翻译作为一种不同文化之间交流的方式，从来都要把相关的文化因素考量进来，只有真正地把文化因素考虑到英语翻译的过程中来，才能保证英语翻译的质量与水平，也才能在最终的意义上实现英语翻译的目的。

## 一、英语翻译实质上是两种文化的沟通方式

语言的最终目的乃是要服务现实生活中的人，为现实生活中的人们提供服务。表达人的思想、想法以及对事物的看法，是语言的基本功能。从这个意义上来说，语言又具有一定的独立性。这是因为：大凡语言都是建立在一定的地域生活中的人们之间的，是为了满足相应地域人们的生产与生活需要而产生的。这就有了文化沟通的必要，英语作为产生在英语国家的一种语言形式，从其产生的本质意义上来说，当然是为了满足英语国家人们的需要，促进英语国家人们的生产与生活，满足他们的精神生活。

英语翻译正是建立在两种具有不同文化背景或者语言背景的地区之中，从来没有一种或者两种语言是在同一文化背景下产生的。英语翻译实质上就是这两种不同文化的翻译结果。首先，英语翻译的目的，正是基于文化背景的不同。人作为一种社会性动物，对于现实世界的好奇心理从来不会减弱，而只会随着对世界认识的加深而逐步加深，这是人类生活的本质。英语作为产生在不同文化背景下的语言，从本质上来说，承载着那个地域人们的生活理念、生活方式乃至生活状态。这种基于文化背景的不同所产生的差异，需要英语翻译来实现文化差异的互补，达到人们彼此交流文化背景与文化根源的目的。其次，英语翻译实质上就是人们之间文化交流的过程。人们之间需要文化交流，更加需要在交流的过程中实现对世界的真实认识。从哲学上来说，人们不是具有无限理性的，人们的理性实际上仅仅限于眼前的事物，对眼前的事物的认识实际上就是人们的理性所能达到的最高限度。一方面，人们需要认识现实世界，来指导人们的生活行为；另一方面，人们又缺乏一定的工具来认识世界，这些在客观上都使得人们认识世界的方式或者方法具有一定的局限性。所以，人们之间的文化交流与沟通实质上就成为人们必须关注的对象。人们之间的文化交流实际上就是英语翻译的出发点与落脚点，这也是人们进行文化交流与沟通的必要前提。

## 二、英语翻译的语境化翻译本质上就是一种文化翻译

谈论语言的运用总离不开对语境的解读，毋庸置疑，语言总是在特定的语言环境中产生，并在这样的语言环境中获得其生命力的。英语翻译的一个最为显著的特点就是要真正地考虑英语表达在特定的语言环境中的具体含义。因为对于任何一种语言来说，语言总是在一定的语言环境中进行的，不同的语言环境一定需要不同的语言表达形式。甚至在同一语言环境中，也会有多种语言表达形式，在英语翻译过程中，要特别注意语言环境对英语翻译的影响，真正地把语言环境考虑到英语翻译中来。这既是英语翻译的迫切需要，也是准确进行文化交流与沟通的现实目的。

语境化地对英语进行翻译，要求英语进行文化翻译必须注重以下几点：第一，把英语原文置于其所表达的特定的语言环境中。任何一种语言总是在一定的语言环境中来表达的，把英语语言还原到特定的语言环境中来，是理解英语语言的特定方式，也是最大限度地还原英语真实含义的最为迫切的办法。换言之，只有把英语还原到其表达的具体环境中来，才能理解英语表达的本质。第二，语境化还原英语翻译，实际上就是一种文化翻译方式。不同的语

言在不同的语言环境中，必定具有不同的表达方式，对于英语与汉语来说也是如此。语境化翻译英语，实际上就是英语文化得以体现的一种具体方式，也是把英语置于一定的文化背景之下，力图使读者能够理解英语含义的真实方法。高度重视语境化的英语方式，就是高度重视英语翻译的质量。

## 第六节　功能翻译理论下的英语翻译

功能翻译讲求翻译由原作者、翻译人员与读者构建一个整体，着力保证原文与读者的互动，更好地传递作者的意图，达到对主客体条件的充分的考量，更好地发挥翻译技巧的价值，达到提高翻译有效性目标。

本节在解析功能翻译理论的基础上，研究功能翻译对英语翻译的技巧，从而提高功能翻译的有效性，全面展示功能翻译的价值。

### 一、功能翻译的理论内涵与价值

#### （一）功能翻译

功能翻译主要指的是满足读者需要的翻译，强调读者与原著之间进行有效交流，是在长期实践与积累中形成的实用和可操作性的翻译方法。功能翻译基于对原著的充分理解，注重使读者在译文中感受原文的精华。

#### （二）主要价值

功能翻译有效地消除了传统基于逐字逐句翻译的弊端，提高了翻译的效率，而且更有助于读者把握原著的内涵。翻译工作可以更好地协调各种条件与因素，达到有效翻译的目标。

### 二、功能翻译视角下的翻译原则

#### （一）明确目标

基于功能的翻译是一种有目的的工作，在翻译的过程中要满足读者对原文的期待，强调达到文本与读者进行交流的目的，在有效统筹中西方语境差异的基础上，更好地让读者接受原文，基于功能翻译理论的英语翻译力求达到通俗易懂。功能翻译从根本上摒弃了逐字逐句翻译的理论，强调结合特定的语法与句法结构进行翻译，翻译行为不仅要尊重原著，而且要更多地为读者服务，这样才能实现翻译的价值，并且达到翻译的目标。译文的翻译需要根据接受者的阅读目标而定，在翻译的过程中应当充分的考虑接受者的文化水平、生活背景，以及对作品的期待。只有充分的考虑读者的情况，才能恰当地决定使用哪种翻译方法，这样才能提高交流语言的有效性，通过简明扼要的翻译方法有效释读的目标。

（二）忠诚原著

基于功能翻译理论的英语翻译强调忠诚原著，能够在中西方文化融合的背景下更好的保证原著的意境。基于原著的英语翻译一方面全面考虑了中西方文化的习俗，另一方面要求翻译者对中西方文化有深入的了解，做到根据作品的实际情况进行灵活的切换，从而实现原文与译文的有效配合，有效消除翻译时的背离问题。基于功能翻译的方法更注重从读者的需要出发，强调达到文化交流目标，要求在翻译的过程中把握好语境，让读者更清晰的了解原文的主题思想。忠诚于原著的英语翻译还要达到内容与形式的统一，能够通过有效的形式反映文本的中心思想，按照形式服务于内容的方式，达到对翻译内容的深度体现。忠诚于原著的翻译还要适当地运用修辞方法，在修辞的运用时体现原著的情感色彩，有效地描述原著的情节，让读者在翻译中体会到作品的深刻内涵。

（三）实用有效

实用性也是功能翻译理论遵守的基本原则，功能翻译要讲究实用性的特征，做到篇内与篇外一致，在翻译的过程中要达到原文与译文保持一致，并且保证翻译的连贯性，不仅要尊重原文的创作者，也要尊重译文的接受者，在翻译时应当达到文章实用的目标。

### 三、功能翻译视角下的翻译方法

（一）口译方法

基于功能翻译理论的英语翻译技巧更强调在翻译的过程中尊重作品的文化与语境，强调知晓作品中所有词汇的意思，注重根据语篇语境进行稍加推理。口语翻译强调即时性的特征，强调达到体现前瞻性的翻译目标，注重在翻译时达到根据具体的语境进行翻译，在口语翻译时应当融入当时的语境、运作、神态等内容，从而达到语义与文化思想的结合，进一步提高翻译者的反应能力，真正地在口译中达到展示思想观念，提高翻译语言的组织能力，使得翻译拥有更好流畅性的目标。口译应当具有即时兴、实用性的特征，在表达上使用恰当的方法。功能理论视角下的翻译不强调还原双方的原话，而是要在准确理解意思的基础上进行有效表达，从而发挥语言为有效交际服务的目标。

（二）意译方法

意译方法主要指的是在英语翻译时不能只从作品的字面意思出发进行翻译，在翻译时还要注重中西方文化的差异，强调在翻译时有效地解决约定俗语翻译的问题，更好地做到在各自的背景下进行深入翻译的目标。因此，翻译人员应当熟悉中西方文化的特征，能够利用一些特殊的语境进行翻译，在翻译时还要调整词语的顺序，注重合理的增减词汇，音译时还要注重合理的词语的顺序进行改动，注重适当地增加或删减词汇，这样更有助于对原文的含义进行充分的表达。例如，他离家非常远，什么都靠自己，可以翻译为他孤身一人而且无亲无故。这样可以达到简单扼要的翻译,准确的体现文本词汇的深刻含义。为了达到音译的目标,还要根据原文合理的使用有效的修辞方法,注重根据内容与形式掌握一定的翻译技巧,发挥修辞与句型结构的辅助价值,真正做到在意译的基础上表达情感,全面体现翻译的生动性。

### (三)灵活翻译

基于功能的英语翻译更注重翻译的实用性。只有体现出翻译的灵活性和神韵,才能达到掌握原文意思的目标。基于原文的功能性翻译应当对原文的结构布局有一定的把握,体现出对原文结构的深刻把握和理解,在贴近原文的基础上,使读者更加准确地接收信息。因此翻译者在翻译时还要对原文的内容、语言习惯、描写方式进行整理,不能只片面地翻译,应有效地消除翻译的碎片化问题,注重翻译时的层次递进性,掌握翻译的基本法则,达到在综合性的翻译中更好地展示作品的精髓。

提高功能翻译的有效性,还要明确翻译技巧,创新翻译的有效方法,着力在优化选择语言素材的基础上,达到全面提高翻译的针对性,在忠实原文的基础上,实现对翻译作品的创新,达到高质量翻译的目标。

## 第七节 功能对等视域下的英语翻译

在全球一体化发展趋势逐渐加剧的今天,英语作为一种重要的国际通用语言,其在国家政治、经济、文化、教育等的发展进程中发挥着越来越重要的作用。因此,英语教育、英语人才培养、英语翻译等逐渐成为社会广泛热议的话题。本节从英语翻译的角度,就功能对等视域下的英语翻译策略展开了深入的研究与探讨。在对功能对等相关理念内涵,以及其在英语翻译中的具体应用策略等进行详细探究的基础上,分析了功能对等视域下的英语翻译技巧与翻译策略。希望借助以下研究探讨能够进一步促进功能对等理论在英语翻译中作用的发挥[1]。

随着国际化的发展,人际交流与国际之间的信息互动不断增多,英语翻译对国际交流的作用也越来越明显。因此,我国十分重视英语翻译人才的培养。而功能对等理论是英语翻译的重要理论指导,能够提高英语翻译质量,加强人们的活动与交流。并且,按照功能对等理论进行英语翻译能够保证翻译信息的统一性,确保翻译工作的顺利进行。在这种情况下,学者加强对功能对等理论的研究,加快探索功能对等视域下的英语翻译,以保障翻译的高质量和信息交流的完整性。

---

1 赵颖. 新编语用学概论 [M]. 北京:中国商务出版社,2015.

## 一、相关概念概述

### （一）功能对等理论内涵

功能对等理论强调英语翻译的语言形式，重视对翻译过程中特殊现象的分析和处理，不会在翻译过程中单一注重文字外在内涵和文字的表象特征，而是在文字基础上对英语和汉语的关系进行研究，进而优化翻译效果，使翻译更加完整。并且，功能对等理论将英语语言形式与汉语语言形式相结合，形成了多样化与灵活性的翻译体系。

### （二）功能对等对英语翻译的作用

英语翻译的主要目的是为了实现双方的信息交流。随着人们信息交流的增多，各行业对英语翻译的要求也越来越高，英语翻译必须确保翻译的专业性和精确性。而功能对等理论能够加强翻译人员对翻译领域的了解，使其掌握英语翻译技巧，进而增强翻译的准确性，提高翻译效率，加强互动交流。因此，功能对等理论能够实现对英语翻译的指导和促进作用，有利于翻译工作的有序开展。

### （三）功能对等在英语翻译中的应用

词语翻译需要遵循一定的翻译原则。具体来讲，英语翻译的专业性较强，需要加强对词语与专业术语的全面了解，避免翻译失误对活动交流的阻碍。同时，语句的翻译要根据功能对等理论实现所翻译的句子与原句之间的对等。根据翻译的实际情况，如果直译能够准确表达原有文本的含义，翻译者可以采取直译的方法进行翻译。并且，为了实现形式对等和功能对等，翻译人员可以对原有句子的结构进行调整，然后再进行翻译。在功能对等视域下，语篇的翻译必须保证语篇功能的对等，全面掌握语篇的内容，对文中的句子和词语进行整体分析。明确原文风格，在不改变原文风格的情况下进行翻译。

## 二、功能对等视域下的英语翻译技巧

### （一）语言意义对等

语言意义对等是功能对等视域下英语翻译的重要目标，因此，翻译人员在英语翻译过程中应积极了解原文的内容，在翻译的时候使译文能够准确地表达原文的内容和意义，避免信息翻译错误对信息交流的影响。并且，在功能对等视域下，英语翻译应做到语言意义的对等，加强对词汇、词句和语篇的了解，保证词汇意义、词句意义和语篇意义的对等。同时，在涉及不同专业词汇的时候，英语翻译应深入了解专业词汇的意义，实现对专业词汇的合理翻译，确保专业术语的意义不变。

### （二）语言风格对等

语言风格对等是功能对等视域下英语翻译的重要目标，对英语翻译的有序开展有着巨大的促进作用。因此，英语翻译应重视语言风格的对等。并且，由于英语翻译具有较强的专业性，翻译人员需要充分了解原文的风格特征，在翻译过程中保留原文的风格特征，对语篇、词语和词汇进行合理翻译。另外，在翻译过程中，翻译人员应做到言简意赅，注重细节，避免细节疏忽而导致语言风格的改变。

### 三、功能对等视域下的英语翻译策略

#### （一）直接翻译

直接翻译是英语翻译中常用的翻译方法，具有直接性和便利性的特点。在翻译过程中，翻译人员应根据翻译内容科学制定翻译策略，确保翻译的针对性，使译文能够准确表达原文的意义。而直接翻译能够对一些基础的词汇和句子进行翻译，并保证意义的对等性。并且，直接翻译还能够实现功能形式的对等，便于人们对译文的理解。因此，翻译人员在功能对等视域下可以使用直接翻译的策略对文章进行翻译，确保译文和原文意义、功能、形式方面的对等。

#### （二）归化翻译

影响英语翻译的因素众多，主要包括语言本身、语言背景、语言文化等。在翻译过程中如果采用单字翻译的方式会导致语言对等无法实现。在这种情况下，英语翻译人员应在功能对等理论的指导下采取归化翻译策略，加强对原文中心思想的了解，全面掌握原文中的专业术语，把握原文的语言风格。并且，翻译人员应在了解原文主旨的基础上，使译文能够再现原文内容，增强英语翻译的生动性。为此，翻译人员应对词汇、专业术语、句式等进行灵活运用和变通，避免翻译不准确的现象。另外，翻译人员在准确表达专业术语的内容，确保专业术语翻译的精准性，避免专业术语译文与原文不对等的现象。

功能对等理论是英语翻译的重要指导理论，能够促进英语翻译工作的有序进行，对英语翻译工作的开展具有巨大促进作用。因此，我们需要加强对功能对等理论的重视，积极掌握功能对等视域下英语翻译的技巧和方法，并结合实际情况根据功能对等理论采取直接翻译策略和归化翻译策略，加强对英语文化的学习，不断提高翻译人员的素质，进而实现英语翻译效率的提升，促进翻译工作的有序发展。

## 第八节　目的论视角下的英语翻译

翻译不但是一门技术，还是一门艺术。翻译英语时，不仅要求翻译者能够熟练应用各类翻译技巧，还需要翻译者能够在翻译过程中融入翻译艺术。翻译目的论将翻译艺术与翻译技巧放在同等重要的位置全面考虑，分别从受众以及译入语文化两个角度出发，对翻译理论进行阐述，且提供了比较完善的翻译策略。

### 一、目的论概述

目的论指的是在进行翻译时，把翻译的目的放在首要位置，并以此来确定所采用的翻

技巧与翻译过程。通常情况下，是为了达到翻译目的而决定使用哪种翻译过程。所以在目的论视角下，在进行翻译时，翻译者必须对其翻译目的予以明确，因为翻译方式以及翻译结果均会随着翻译目的的不同而有所改变。目的论的提出大大转变了以往翻译过程中把翻译的准确性与翻译效果放在首要位置的情况，以往在评价翻译过程时，通常是以翻译目的是否达成为标准。而在翻译论视角下，在开始翻译前翻译者必须清楚掌握翻译目的，并参考翻译目的达成所需采用的翻译方式与方法，从而更能满足人们的需求。

## 二、目的论视角下的英语翻译原则

### （一）目的性原则

英语翻译工作和其他工作相类似，都有一定的目的性，而其目的主要在于达到特定的翻译效果。由于中西方文化存在较大的差异，行业不同其英语专用词汇与语法特点也相差甚远。所以在翻译过程中，必须要对受众的文化背景、接受程度及其语言习惯进行全面考虑，让受众能够快速进入文本所创设的语言环境中，并能够在最短的时间内了解文章框架与内容。除此之外，还应当根据具体受众来选择相应的翻译技巧。例如，对于商务类、科技类的英语文献，应当一字一句仔细翻译，以确保翻译的完整性；对于日常交际方面的英语，应尽可能地运用当地习惯使用的表达方式，防止对英语进行逐字逐句的翻译，让受众产生生硬的感觉。当前，国际交流越来越密切，越来越多的人可以通过互联网阅读到国外的优秀文化成果，因此，翻译就显得极为重要。只有确保翻译效果良好，才能让文化作品流传得更为久远。

### （二）忠诚性原则

英语翻译的忠诚性指的是尽可能地采用受众所擅长的语言将原文内容完整地翻译过来，以确保能够将原文构架内容系统、全面地呈现给受众。然而，要想有效融合两种文化，且运用同一语言将其完整地表述出来具有较大难度，需要翻译者全面掌握两种文化，并且能够熟练运用两种语言间的转换技巧。在英语翻译过程中，要确保翻译内容的一致性与完整性，确保在原有知识结构不发生改变的前提下完整地将文本呈现给受众。如若译文出现严重错误，或是严重改变了原文的意思，那么翻译将毫无意义。所以，忠诚性原则是英语翻译必须遵循的原则之一。

### （三）连贯性原则

英语翻译的本质是用目的语文字将源语文字转述给读者。但是语言需要遵循特定的表述技巧，无论是译文还是原文，均有完整的体系，均是由一定的语法以及语言结构衔接而成的。所以，要求翻译者在翻译过程中对语言的微观结构以及宏观结构进行分析与掌握，重视各个环节以及内部知识结构的衔接，让翻译出来的作品能够与受众语言运行习惯相符[1]。

---

1 杨雪．浅谈英语教学中应用语言学的有效应用 [J]．教育现代化，2018，5（11）：185-186．

### 三、目的论视角下的英语翻译策略

**（一）了解受众需求，明确翻译目的**

在目的论视角下，翻译时首先要明确翻译目的，并在此基础上选择最适合的翻译手段与方法，以确保能够与受众需求相符。在翻译英语时，由于翻译活动不同，受众有所差别，决定了对英语翻译有了多样化需求。所以，翻译者在翻译过程中应当合理划分受众，将其分为不同级别与层次，并在翻译过程中根据不同级别与层次的具体情况来进行有目的的翻译。

**（二）充分尊重译入语的文化**

首先，在进行英语翻译时，翻译者应当结合具体翻译目的和文本接受者的特点来进行文本的制作。如翻译文学文本时，应当侧重于语句的感染力和艺术性；翻译科技文本时，应当侧重语句的逻辑性和科学性，保证文本的科技含量；翻译公文文本时，应当侧重语句的缜密与精细，做到语气正。总体来说，就是根据具体文本来进行有目的的翻译，并且应当结合目的语情境下的目的与受众来合理调整翻译方法。其次，应当充分尊重译入语文化。全面理解译入语文化能够帮助翻译者将原文精准地翻译为容易被受众所理解、可用于交际的文本。如若在翻译过程中出现不尊重译入语文化或是不能准确理解译入语文化的情况，那么所翻译出来的文本就无法达到特定翻译目的或交际目的的作用。如 three-day weekend 不可直接译为"三天的周末"，而应当对美国文化进行全面了解，认识到在美国，人们将周六、周日以及周一连在一起的假日称为"总统日"。

**（三）英语语法与句式二者翻译顺序上需严格遵照原文语言风格**

为了确保英语翻译后文意不发生改变，我们应在英语语法与句式二者翻译顺序中严格遵照原文语言风格。首先，在英语语法翻译顺序上，以被动语态为例。笔者研究发现，要想将英语被动语态这一语法顺序翻译得符合汉语使用习惯，其技巧在于可以使用"为""由"将句子翻译成主动句。如 Since desire and will are damaged by the presence of thoughts that do not accord with desire, he conclude: "We do attract what we want, but what we are." 这一英语长句使用了被动语态，要想将其翻译得符合汉语使用习惯，只需将其译成主动句——和欲望不匹配的想法会导致我们毁灭，以此他得出一个结论："我们不能过分地期望更多，最重要的是要做好我们自己。"通过将其翻译成主动句可以让人明确掌握句意。其次，在英语句式翻译上，以较为常见的长句为例。笔者认为要想实现良好的翻译质量，其核心在于长句中必须注重主次顺序，这样一来，可以使人们在准确掌握长句基础上很好地理解原句意思。比如在 However, Allen believed that the unconscious mind generates as the conscious mind, and while we may be able to sustain the illusion of control through the conscious mind alone, in reality we are continually faced with a question: "Why cannot I make myself do this or achieve that?" 长句翻译中，其关键在于将句子所有主次顺序，即主谓宾这三个要素准确找出。

## （四）重视专业术语的运用

一般情况下，英语文章类型多样，翻译时难免涉及较多的专业术语，所以在进行英语翻译时，务必要对专业语言进行准确把握，防止出现纰漏。如在翻译商务英语 At present the foreign exchange market in New York is very weak while the stock market is very strong. 时，可以运用有关专业术语将其译为"当前纽约外汇市场较为疲软，但股市仍旧非常坚挺"。

## （五）根据语言风格确定句式翻译顺序

中文语言语法和英语语法有着巨大的差别，不但句子结构具有较大差异，而且语言语序也有所不同。在翻译长句子时，务必将句子顺序的特点进行全面考虑，将主语、谓语、宾语的位置确定下来。在翻译被动语态时，还可合理运用"为""由"等词语将译文准确地翻译出来，把被动语态转变为主动语态，从而提升翻译的合理性与科学性。

## （六）严格按照译语文体进行翻译

现阶段我国英语翻译中的文体主要涉及商业、科技、文化艺术以及文学等方面，而结合实践来看，受表达严谨性、语言风格等多种因素的影响，它们在翻译中有着极大的差异。比如国际贸易中商务翻译强调的是严格依据相关规范做到严谨准确；文化艺术中外文电影翻译上，根据影片不同其翻译要求又分为强调原著艺术性和通俗幽默性。例如，在美国电影动画《狮子王》中 Everything you see exists together in a delicate balance 一句的翻译上，我们需要充分结合影片中辛巴父亲对辛巴讲出这句话时所处的背景，并根据狮子作为大草原中王者的背景展开翻译，译成："世界上所有的生命都在微妙的平衡中生存。"不但能够体现出老狮王对辛巴的教诲，也为影片后续情节中辛巴具备良好的性格做了铺垫。

目的论视角下的英语翻译有着极为重要的意义，其不但能够有效弥补传统翻译中存在的不足，还能够大幅提升英语翻译的准确性与科学性。所以，在进行英语翻译的过程中，翻译者应当明确受众的实际需求，并以此为依据确定翻译目的，从而对翻译过程起指导作用。不仅如此，翻译者还应当充分了解与掌握译入语的文化、语文文化背景等内容，严格遵循相应的翻译原则，以不断满足受众的阅读需求，提高英语翻译的准确性。

# 第九节　英语翻译中的直译

针对翻译界一些不同的翻译原则及争议，为了强调直译在翻译中的重要性，追溯了直译存在的历史背景，探悉了其存在的条件、所适用的范围，并列举了大量的实例，充分展示并分析了直译的优点及巧妙之处，以及使用直译时应注意的方面，更加深刻地证明了直译的优点及其存在的必要性。

翻译是指在语言准确通顺的基础上，把一种语言信息转变成另一种语言信息的活动。按照英语翻译的规则将翻译分为直译和意译。直译是指在语言条件许可下，在译文中不仅传达语言的内容，还尽可能完整地保留原文的修辞风格及组句形式的翻译方式。在翻译中，我们应把握的原则是：能直译就直译，不能直译再意译。

### 一、英语直译的历史背景

佛经翻译的主要组织者是释道安，由于他不懂梵文，翻译时唯恐译文失真，因此，他主张翻译时严格地字对字、词对词（word for word, line for line）地翻译，也就是直译。当时的佛经《鞞婆沙》就是按此方法翻译而成的。在近现代中国翻译史上，直译是压倒一切的准则。傅斯年、郑振铎都主张直译。鲁迅和其弟周作人的作品《域外小说集》被视为直译的代表。迄今为止，直译仍是最忠实于原文的人们广为沿用的翻译方式。

### 二、英语直译所适用的范围

原语和译语之间仍存在着内容和形式一致的可能性，这是直译存在的依据和理由。直译强调译文必须忠实于原文，只有这样，译文才能实现我们翻译界所遵循的原则"信""达"和"雅"。但直译并不是机械地逐字翻译。它既要求译者全面准确地阐明原作的含义，又不能使译文失真，也不能随意增加或删除原作的思想，同时还要保持原有的风格。有时甚至不能忽视原文的情绪或情感，如喜悦、兴奋、愤怒、窘迫、挖苦或讽刺都应展现得淋漓尽致。一般来说，如果原文的句型与译文的句法结构较接近，词序相同，句意明了的情况下就可以用直译。例如如下的术语和词汇：dark horse "黑马"、software "软件"、hardware "硬件"、cold war "冷战"、to fight to the last man "战斗到最后一个人"、to break the record "打破纪录"、armed to the teeth "武装到牙齿"，等等。

生活中一些术语及句子只能采用直译的方式来翻译，这样，译文既忠实于原文，又全面准确地阐明了原文所要表达的含义，体现了原文作者所要表达的思想情感，并达到了翻译界所强调的"信""达""雅"的标准，直译应用在此，使译者轻松自如就能翻译出绝妙完美的内容，这正体现出了适当运用直译的巧妙之处。

### 三、英语翻译中使用直译的优点及巧妙之处

当然，比起意译来说，直译还有以下优点及巧妙之处。

①直译需要的技术程度更简单便捷。例句如：Six years ago, we ever met there. 六年前，我们曾经在那相遇过。此句的翻译不需要任何技术手段就能表达得非常清楚。②它能尽可能地忠实于原文。它不改变原文的意义、词序及风格，完全忠实于原文，使译文与原文更贴切、达意。例如：Mike, why don't we go and visit the flower show？迈克，我们为什么不去看看花展呢？③直译不仅能保持原作的特点，还可使读者逐步接受原作的文学风格。它能使读者更容易了解原作的思想和风格。例如：Hitler was armed to the teeth, but in a few years, he was completely defeated. 希特勒是武装到牙齿的，可是不过几年，就被彻底击败了。此句中，"armed to the teeth"运用直译翻译成"武装到牙齿"，保留了原作的思想风格。④直译有助

于我们了解西方文化，同时，也有助于传播我们的民族文化，使西方人了解中国。例如：To kill two birds with one stone，"一石两鸟"；To shed crocodile tears，"掉鳄鱼眼泪"；Chain reaction，"连锁反应"，就是英语直译过来的典型例子。这样翻译，既保存了原词的格调，即"异国情调"或"洋气"，又引进了外国的一些新鲜、生动的词语、句法结构和表达方法，使我国的语言变得日益丰富、完善、精密。

### 四、英语翻译中使用直译时的注意事项

美国翻译理论家奈达认为，译文读者对译文的反应如能与原文读者对原文的反应基本一致，翻译就可以说是成功的，奈达还主张翻译所传达的信息不仅包括思想内容，还应包括语言形式。因此，直译时，译者必须要注意许多问题：①在直译中，忠实于原作的内容应放在第一位，其次是忠实于原作的形式，最后是翻译语言的流畅性和通俗性。②当我们进行翻译时，必须掌握原作的思想和风格，同时也必须把原作的思想和风格当作译语的思想和风格。③原作的理论、事实和逻辑也应当作译语的理论、事实和逻辑。我们不能用个人的思想、风格、事实、理论与逻辑代替原作的这些特征。④在翻译过程中，译语不要求等同于原语的数量和表现形式，但在内容方面要保持与原语一致，增减文字或意思要取决于表达方式和语言的特征，我们不能随便增减原作的文字、意义和表达思想。⑤直译时，我们应该竭力摆脱僵硬的模式并且严格坚持翻译准则，在此基础上，设法灵活运用。⑥直译必须具有可读性，也就是说，译品不会引起读者的误解，并且也不违反表达方式。以上都是我们运用直译时应把握的一些原则，它们就像一把把尺子，使我们在翻译时能够准确把握尺度，使译文准确、形象、贴切、完美，又不失原文的风格。

直译仅仅是译者在翻译过程中采取的翻译手段之一，在翻译工作中，直译和意译是合作伙伴，是紧密相连的，直译的存在必须有其存在的依据和理由，也就是原语和译语之间仍存在着内容和形式一致统一的可能性时，才能用直译；否则，译文就会表达不出原有的含义而失真。因此，在翻译中，不能一意孤行地强调直译而忽略意译，在直译不能表达清楚原意的情况下，就要采用意译，要在实践中不断总结经验，灵活机动地运用适合原语的翻译方式。

# 第二章　英语翻译的理论与实践研究

## 第一节　英语翻译实践中的母语负迁移

在英语翻译中，语言迁移现象明显，他是母语对目的语的作用和影响，母语迁移包括正迁移和负迁移，本节提到的母语负迁移是指母语与目的语之间存在着许多不同，从而影响了目的语的翻译，因此，需要我们对不同语言的文化背景做深入的了解，以免由于表达方法，说话习惯的不同造成翻译的不准确，在英译汉的过程中，当出现英文与汉语的说话习惯不同时，我们往往采用汉语的习惯，这是母语负迁移产生的主要原因，为了了解母语负迁移的影响，我们对母语负迁移的表现做了具体分析，并提出了相应的解决方案。

### 一、英语翻译实践中母语负迁移的主要表现

（一）词汇方面的负迁移

准确的英语翻译的前提是对英语原文的意境和文法做深刻的了解，而要做到这一点，就要求翻译人员对英语句子中的基本词汇做准确的理解，但是在实际的翻译过程中，常常会出现词语翻译错误的现象，其原因是没有真正掌握词语的真正含义，而是简单地把词汇进行罗列，如具有一定文化背景的词语，如 Adam's apple 直译成亚当的苹果显然不准确，这就是一种母语迁移；还有，不是在每个句子中，英语单词和汉语的意义都能一一对应的，受不同文化背景的影响，英语和汉语词汇中都有很多特有的词汇，这样就使目的语词汇在表达上不清晰，甚至失去了词汇本身的意思。比如中文中的宫保鸡丁，在英文中无法找到与之相对应的词汇，这时候往往受母语负迁移的影响，将其直译，造成词不达意的现象。

（二）句法方面的负迁移

英语与汉语的句法基本上没有大的差别，但是也有一些细节上的差异，它们之间的最明显的差异，就在于形和意，英文更重视句法结构的形合，靠的是语法结构，而汉语更重视的是意合，靠的是用句子内部紧密的逻辑关系。所以，在结构上，我们可以发现，英语的句法比较严谨古板，而中文的结构简单明了，因此只有认真了解英语和汉语结构上的不同，在翻译过程中，按照不同的句法结构做正确的翻译，在句法上，有很多时候，英文和汉语说话的语序不同，需要做出大的调整，才能保证翻译的正确，如昨天晚上，在小红家，小红的妈妈

给我讲了一个故事,很容易就被按顺序翻译。而实际上在英文中,通常将表示修饰的状语放在句子的后面,如果对这些不了解,就会造成句法的负迁移,影响翻译质量。

### (三)篇章结构方面的负迁移

在英语翻译过程中,对文章的整体把握很重要,英语和汉语在文章的整体结构上也没有大的区别,每个段落表达不同的主题,但是同样,两种语言在文章结构方面有很多不同,所以在翻译时,同时要兼顾文章结构上的不同,对文章结构以及段落设置做出适当的调整,保证文章结构的完整,逻辑性更强,达到尊重原文的表达,又符合语言的表达习惯,从而减少文章结构上的负迁移的产生。

## 二、在英语翻译实践中避免母语负迁移的策略

母语负迁移对英语翻译的影响很大,对于英语翻译者来说,正确的了解母语负迁移对其正确的翻译英文也很重要,这就要求他们采取积极有效的措施从而避免母语负迁移现象。具体方法为:首先对英语词汇进行累计,对其含义进行分析比较,尽最大努力防止词汇负迁移,在英语翻译实践中,受历史文化背景和习惯的影响,英语和汉语的词汇上差异很大,我们要充分认识到这一点,深入了解民族文化,避免英语翻译过程中词汇方面的负迁移,提高翻译水平。

其次,就是对英语和汉语的句法结构进行仔细分析比较,了解英汉两种语言在句法结构上的差别,尤其是英汉之间句式的不同,要避免在句法上发生负迁移。就要深刻地了解英汉两种语言句意和句子顺序的不同。同时,翻译者还应该在更深的层次上,对英汉两种语言进行深刻的分析,了解英语和汉语之间的文化差异并合理使用,在英语翻译过程中要尽最大努力来减少翻译上的错误,减少母语的干扰,避免英语翻译过程中母语负迁移的发生,提高翻译者抵挡母语负迁移能力。

最后,在英语翻译过程中我们还应该从全局出发,避免片面地对原文的词汇、句法进行翻译。总之,在英语翻译实践中,充分把握和落实好原文,从整体上把握文章的宗旨,理解好文章的意境和上下文之间的关系,字句之间的关系,从而减少负迁移的影响。

母语的负迁移对翻译有很大的影响,往往因为不重视或者对文化背景的不了解,而造成母语的负迁移,这样导致翻译不准确,英语翻译中母语负迁移的主要表现主要有在字词,句法和篇章结构方面的负迁移,为了实现翻译的准确无误,要求翻译人员了解相关的文化背景,尽量控制母语的负迁移,提高英语翻译的质量。

## 第二节　英语翻译专业实践教学模式

随着我国在经济、政治、文化等方面对外交流活动的日益频繁，各个领域对翻译人才的需求也愈加强烈。虽然每年都有新的从事英语翻译的人员注入翻译行业，但仍然出现英语翻译人才紧缺的现象，无法满足翻译市场对英语翻译人员的实际需求。英语翻译人才的培养工作就变得越来越重要，而且具有一定的挑战性。因此，对英语翻译专业实践教学模式的探索也越来越具有现实意义。

### 一、实践教学模式探索的意义

继 2010 年的上海世博会以来，我国对英语翻译人才的需求急剧加速。虽然每年有大量的英语专业或英语翻译专业的毕业生，其中从事翻译行业的毕业生却不尽如人意。究其原因，学术型翻译人才培养模式与翻译市场对应用型英语翻译人才需求相背而驰，所以很多英语专业或英语翻译专业的毕业生理论功底深厚，但翻译实践能力薄弱，不符合翻译市场的需求。因此，对英语翻译专业实践教学模式的探索迫在眉睫，成为英语翻译人才培养工作的重中之重。

### 二、实践教学模式的六环节

在英语翻译实践教学过程中，有六个重要的环节相辅相成，是提高学生的翻译实践能力的重要手段。

#### （一）实践创新项目

实践创新项目能够充分调动学生学习的积极性、主动性和创造性。鼓励和引导学生积极申请校级、省级和国家级大学生创新创业训练计划项目，不仅可以提高学生的创新思维和创业意识，还能增强学生的创新能力和创业能力。在专业教师的指导下，英语翻译专业学生可以通过实践创新项目服务地方经济建设，还可以将大学生实践创新项目做成指导教师教改科研项目的子课题，以此提高教师的教学科研效率，达到教学相长的目的。

#### （二）翻译资格证书考试

中国的翻译职业化进程发展迅速，中国的翻译资格考试体系已建立并得到逐步完善。鼓励学生参加各级各类的翻译资格证书考试，既是对学生翻译能力的综合检验，也是学生顺利就业的基本保证。

#### （三）翻译竞赛

英语翻译大赛不仅能够检验学生的翻译实践能力，还能提高学生的学习兴趣和学习动力。目前我国主要的英语翻译大赛有中国翻译协会主办的韩素音国际翻译大赛和全国口译大赛、四川外国语大学主办的语言桥杯全国翻译大赛和华东师范大学主办的英语世界杯翻译大赛等。

应鼓励和支持学生积极参加各级各类的翻译比赛，促进学生参与校级、省际和国际的翻译实践交流，以此提升学生的翻译技巧在翻译实践中的应用能力。

（四）社会实践

通过参与和翻译主题相关的社会实践活动，可以使英语翻译专业学生了解翻译市场对翻译人才的需求程度、了解翻译公司或者企事业单位对翻译人员业务能力和职业素养的要求程度、提升学生理论联系实际解决问题的能力和与人沟通的能力。

（五）基地实习

基地实习是英语翻译专业学生在完成全部第一课堂教学计划之后进行的翻译职业体验和实践。实习期间，学生将使用所学的翻译理论知识和翻译实践技巧应用到翻译实践活动中解决具体问题。高校应该积极推进实习基地的多元化，翻译实习基地可以是翻译公司，也可以是企事业单位。实习可以是集中实习，也可以是自主实习，通过丰富的实习形式提高学生的翻译职业素养和翻译实践能力。

（六）毕业论文

毕业论文可以培养学生提出问题和解决问题的能力，提高英语翻译专业的学生撰写翻译实践报告的比例。翻译实践报告由翻译实践和报告撰写两部分组成。翻译实践部分不仅能够培养学生翻译的独立性和自主性，还能够检验学生的真实翻译水平。报告撰写部分不仅能够培养学生的总结和反思能力，还能锻炼和提升学生解决翻译困难的能力。

英语翻译专业实践教学需要重视实习实训教材的建设，也要重视师资队伍的建设，更要重视实践教学管理制度的建设，以此来提高应用型和复合型英语翻译人才培养的质量，为我国在对外经济、政治和文化的交流活动中做出更多的贡献。

## 第三节　科技英语翻译理论和实践的关系

科技英语是科学技术工作人员进行科学研究和学术交流中所使用的英语，它是一种科技类文体，主要特点就是用词准确和语言简练，能有效地表达说话者所要表达的客观内容，保证语言条理清楚、内容准确，能够使用较强的专业性和实用性语言进行英语表达。我国在进行科技英语翻译的过程中，一定要保证以上翻译特点，使翻译的文章能够尽可能忠实和准确，能够突出原作者的思想观念以及风格特点等。汉语和英语本身就是两种不同类型的语言体系，其在行文习惯以及使用修辞方式和词语表达方面都存在一定的差别。一般情况下，英语科学技术类文章结构严谨，且具有较强的逻辑性，保证上下文之间比较通顺。在科技英语翻译过程中经常会出现词语替代等情况，这些都需要翻译人员具有一定的专业英语知识以及词汇量，保证熟练使用科学技术语言。所以，科技英语翻译人员应该全面了解科技英语翻译理论和相关实践知识，掌握翻译英语中的技巧和规律，在英语和汉语中进行熟练应用和转化，注重观察词语词性变化和在句子中的逻辑关系，关注原文的文体特点和词汇语法，这样翻译出来的科技英语文章才能够将科技知识和行文脉络理清，将意思传达清楚。

## 一、翻译理论和实践之间的关系

现阶段在很多领域里由于各个国家之间的语言差异，都会通过采取翻译工作来进行研究和发展。翻译其实是一种能够打破语言障碍，从而进行文化交流和社会交际活动的行为。翻译工作人员在进行翻译过程中，不仅仅是对语言的转换，还应该反映出不同类型社会的特征文化的转换方式。该领域相关专家认为翻译是和语言学相对应的一门科学，主要是在语言基础上建立一个对等关系，关键文体是要找到对等项，保证在翻译过程中其中心任务是能够有效界定翻译中的本质和条件。因此，翻译理论能够直接作用于应用理论，应用翻译理论充当了翻译理论和实践之间的桥梁。所以在翻译理论和实践之间应该让读者有效地接受这些知识，尽量要转变在原文中的语法结构，找到语言中对等关系，适应科技翻译工作需要。这也在一定程度上说明翻译理论是在整体上或者是宏观上指导翻译工作的实践活动。另外，由于翻译理论和翻译实践是相互制约的关系，所有翻译实践都离不开翻译理论的指导，翻译理论也缺少不了翻译实践的经验。

翻译工作在很多年以前就开始兴起，并在这样漫长的历史过程中汇总，不管是在西方国家还是在我们国家，人们一直专注于研究翻译理论与翻译实践之间的关系。在西方发达国家，有很多著名翻译人员提出了很多翻译理论和实践研究活动，制定了翻译标准。同时期在我国，翻译理论标准是"信达雅"三种，在经过后期多次研究和分析之后，得出了忠实和通顺两种翻译标准。从翻译理论上来说，其翻译标准都是在实践基础上找到等值成分的，主要是在理论上能够和作者之间的思想以及观念进行联系，能够在一定程度上将原作内容表达出来，不能够让原意有任何篡改的情况，应该符合作者思想情感，符合现阶段语言规范和要求，不能够进行直接翻译，尽量减少文理不通，结构混乱等现象出现。所以，翻译理论和实践是相互联系的，需要翻译工作人员对专业知识的重视。总地起来说，如果翻译工作没有翻译理论作为指导，那么就会使翻译任务变得困难，不能够得到很好的解决。如果翻译理论没有翻译实践作为经验，那么理论就难以得到完善。

## 二、文体特点和句法结构

### （一）文体特点

目前英文科技文献经常使用的文体可以分为论述文体和应用文体两个部分。其中论述文体包括一些书面的语言，要求在结构上保持严谨，在论证上能够客观和公正，使所要表达的中心思想明确，具有较强的逻辑性。在翻译的过程中，能够通过对原文中英语语法理解和句子结构之间的关系进行研究，有效理解原文意思，对原文相关学科专业英语进行了解和学习，并且能够弄清楚需要的词汇在相应学科中的特定意义。最后一定要根据汉语中的表达习惯对翻译文章进行整理，在译文中要求语言尽量规范，内容保持贴切，形成和原文中风格一致的内容。

需要说明的是，在专业领域中应用文体经常会有科普类应用文体和相应指示类应用文体。其中科普类应用文体一般具有知识性和趣味性，能够吸引读者的注意力，在写作的时候能够灵活使用词语，保证词语和句子具有一定的感情色彩。所以在进行科技英语翻译过程中，也应该具有以上词语灵活使用以及趣味性和感情色彩等特点。而指示应用类文体由于自身用词比较精练和简短，其多用于文章使用顺序的叙述等情况下，所以在进行该类文章翻译的时候，也应该积极地遵守以上这些特点，使用精练的汉语和简短的句式进行翻译，保证作品本身的特点。

### （二）句法结构

目前英语科技文献在进行撰写时多数会在行文句法中使用不同于其他文体的句法，并且物称多于人称。物称主要是指以没有生命特征的物体作为主语，而人称指的是以有生命特征的物体作为主语，其大部分指人类。其比较重要的特点是，大多数情况下都会使用被动语态，在阐述客观真理时，一般情况下不需要使用动作的主动者，而是通过被动的形式叙述一些客观事实，来完成对内容的阐述。这是科技英语文献中常常使用的词语句式结构。现阶段科技英语中名词化结构使用频率较高，并且在英语整个语言体系中都是按照一定的语法以及句子模式来进行阐述的。在翻译成汉语之后可能会增加原文英语句子中的动词，这种情况就应该在英语科技文章中使用动作性结构名词进行结构表达，在翻译成汉语时，也应该将名词有效转化成为动词，这样才符合大多数翻译文章的要求。

## 三、原文理解和译文表达

### （一）原文理解

翻译工作人员要求能够对原文进行理解，对英语科技文章的理解主要是通过结合上下文进行，针对整个文章中句子的难易程度，或者是对一整个段落和一篇文章进行理解。这主要指的是一种语言现象和逻辑关系，需要通过一定的语境进行分析和研究。由于各个国家之间的文化差异，如我国比较注重具体思维模式，而一些西方发达国家则更加注重抽象思维模式，这就导致了两个国家之间文字表达方式的不同。在翻译科技英文文献时，其常常会出现抽象表达，但是汉语汇总缺少相应的翻译内容，并且在词语的翻译上也没有形态变化，词语和单词之间的使用也存在着不同。英语文献中更加注重语法句子模型，而汉语文献中则更加注重语义型的句子模式。

所以为了保证所翻译出的科技文献能够更加忠实于原文，保证作者思想观念以及论证风格，则需要对作者作品进行关注和研究，深刻理解作者创作作品的中心思想。在翻译技巧上要了解英汉词语搭配以及表达习惯之间的关系，但是不能出现一些含糊的词语。因为一般的文献阅读人员都会注重研究作者思想观念，而一般翻译人员在翻译的时候都会改变原来作品的思想，这就会使翻译工作效果大打折扣。

### (二)译文表达

翻译人员在进行译文表达时一定要重视专业术语词义在文中的语境关系以及和上下文之间关系等,因为文章的思想不同,词义也会出现一些变化。

1. 译文中出现的多词一义的情况

英语使用人非常喜欢语言变化,其会让句子中句型和结构出现变化,还会让词汇出现多种含义,针对同一概念的事物和行为或者是状态都会出现不同的词汇。所以在翻译科技英语文献时一定要注意其内部经常出现的同义结构替换的情况,经常会在一些比较严谨的科技文献中出现,但是汉语科技文献中对于统一的概念事务,则基本上都使用同一个词汇进行表达,不会出现变换的情况,主要是为了表达上的准确性。翻译人员应该了解这一问题,这是英语和汉语科技文献中表达上的差异,在翻译中就有可能出现一些词义不同的错误,最终导致文章中出现概念模糊的情况。

2. 译文中出现一词多义的情况

在对科技英语文献进行翻译时,常常会由于一些词汇处理出现问题导致翻译不当的情况,并且很多事实都证明翻译科技文献容易使人"不专业"。在这样翻译情况下,由于翻译人员经常会阐述一些问题,并且在很多其他翻译中也出现过这种问题,导致人们不能够明晰文章的思想。所以在选择翻译词语的时候一定要保证所使用的词语都能够和原文意思保持一致,最终能够使翻译的句子和原文意思准确符合。但是在翻译过程中容易出现一些不符合文章思想的词语和句子段落,这就是科技英语翻译中的常用词误译,其经常出现在科技英语文献翻译中,主要是由于英语词义比较灵活,和上下文之间关系比较密切,所以每一个词汇中的含义都要根据具体的语境进行分析和研究,不能够单独地看某一个单词。

3. 翻译中词义的引申

一般情况下翻译人员都会在科技英语翻译中使用一些直译词语和句子来忠实原文,但实际上这是一种认知上的偏差。英语和汉语进行互相翻译时有着一定的变化,在语言结构以及表达上有异同,一般情况下都能够使用直接翻译的形式,但是有时也需要在词典上进行词义翻译,而如果在词典上不能够找到相应词义,那么就会导致译文出现含糊不清的情况,让读者难以理解。这时就需要根据上下文语境对原文进行分析,引申出符合原文的句子和词语,选择符合文献的文体进行表达,使句子的含义更加清楚。

综上所述,科技英语翻译是一门技术科学,其需要翻译人员对科技英语进行研究,并且要结合一定的理论实践,总结经验。所以,要做好科技英语翻译工作,需要不断地进行努力研究探索,了解不同国家和地区之间的文化,找到它们之间的异同点,并且有效地应用到科技英语翻译中去。做到从多方面去结合翻译理论和翻译实践之间关系进行研究和分析,做好科技英语翻译这项工作。

## 第四节　英语习语的翻译理论和实践研究

英语作为国际通用语言，具有大量的短语和习语。在漫长的习语发展历程中，逐渐形成了以固定句子和短语为主的习语表现形式。习语包含浓郁的地域特征和民族色彩，对习语的翻译会影响译文质量。因此，本节主要将地域历史和民族文化作为切入点，来探究英语习语翻译理论和实践。

### 一、英语习语的翻译理论与主要特征

#### （一）英语习语的翻译理论

英语习语根据不同的交际功用，可以分为表明态度、传达情感和表达愿望等种类。根据英语习语的不同主题，语言学家又将其分为神话、宗教、家庭、教育、文艺和医学等多个种类。这些根据字面含义的习语分类，主要是为了表达不同地域的生活与生存经验。随着语言学理论结构的不断完善，各专家学者开始使用现代语言学的研究方式，进行习语语言内容与形式的研究活动。但这种依赖语义和词汇的习语翻译方式，并不能满足深层次的习语翻译要求。因此，语言学家逐渐使用含义转换的方式，来进行习语句法与结构的深层翻译研究。当前，在英语习语的翻译研究方面，主要包括单词、短语和句子等三方面的内容。其中短语和句子在英语习语中所占比例较大，短语和句子的词汇结构、语义也更加复杂。近年来，在英语习语翻译方面，开始重视习语功用与文化内涵的研究。英语习语作为区域文化的主要表现形式，其能反映不同地域的社会形态与文化内涵。而且在语言交际活动中，英语习语的表达也能提升个人的文化素养与品位。因此，在英语习语的理论研究中，应重视习语的功用、交际和文化语境等内容。

#### （二）英语习语的主要特征

英语习语与成语较为相似，也具有不透明性、综合性和稳定性的特征。不透明性指的是英语习语的不可预测性，其含义不能从字面的意思进行解释。例如，"I get a kick out of you"，汉语直译为踢水桶。Kick 是用脚踢的意思，不管是人或马的脚，被踢的人一般来说是会感到很痛，但这句话真正含义却恰恰相反。这句习语真正意为"你的感情使我感到快乐和激动"，但其并不仅仅和爱情联系在一起，而是指任何产生快乐的感情。因此，某些英语习语的含义，与单词本身的意思关系不大，但有时也会与单词的意思相近。英语习语的另一个特征，是在社会生活各个方面使用非常广泛。英语习语主要来源于社会生活，普通民众在生产实践中，创造了一系列习语。"as cool as a cucumber"源于美国社会的习语，从字面意思翻译来看为"像黄瓜一样凉爽"，但真正的含义为"泰然自若、冷静和放松"。最后，习语的结构比成语和非习语更具有稳定性。一个习语的词序不能被随意改变，即使这个修改可以转换为更加完美的语法。例如，"A force"与"A stone"有着不同的意思，虽然对词语的修改并不违背语法规则，从英语习语翻译上是不被允许的。

## 二、英语习语翻译中的文化内涵与词汇空缺

### （一）英语习语翻译中的文化内涵

文化是社会信仰与实践的产物，所以，英语习语主要起着信仰表达和语言传递的功能。任何一种惯用的表达方式，都是从其特定文化中不断演变而来的。虽然部分习语看起来会有些古怪而不合逻辑，但其背后承载着文化与历史的变迁过程。

### （二）英语习语翻译的词汇空缺

不同文化词汇有着不同的文化内涵，有些表面看似相近的词语，可能包含着不同的内涵表达。最为显著的词汇空缺为"Dragon"（西方的龙），西方的龙与中国龙（long）存在本质区别。Dragon 是长着双翼类似于蝙蝠或蜥蜴的怪物，其能够喷出火焰来对人类造成伤害，还喜欢盗取财宝和居住在洞穴中。而 long 是与白虎、朱雀、玄武并称的"四大神兽"，长着鹿一样的角、骆驼一样的头、兔子一样的眼、蛇一样的脖子和鱼一样的鳞片，是吉祥与帝王的象征。译者在"龙的传人"翻译中，常常会用其字面意思翻译"Dragon's descendants"，但由于中英文读者之间的文化差异，"long"这一形象没有对应的词，因此，在翻译中会存在文化内涵的缺失甚至扭曲。

## 三、英语习语翻译的实践问题

### （一）直译加解释的习语翻译

直译是最为简单直白的英语习语翻译方式，是将源语言直接转换为目的语。但由于英语习语的历史与文化含义，大多数情况下不能使用直译，或者需要在直译基础上添加相应的解释。而且要保证英文与中文之间语义的对等，如"All Roads Lead to Rome"译为"条条大路通罗马"，这一翻译形象表明了习语的真正含义，所以，不需要添加其他注解。如"an eye for an eye"这种具有文化内涵的习语，就要在直译的基础上加入注释。"an eye for an eye"出自《圣经·申命记》，摩西发布的法令："a tooth for a tooth, a hand for a hand and a foot for a foot"翻译为"以眼还眼，以牙还牙，以手还手"，这里需要添加注释"以其人之道还治其人之身"，以避免引起读者误解。

### （二）意译的习语翻译

在英语习语翻译中，要在无法找到对应表达词的情况下，使用意译的翻译方法进行习语翻译。意译不需要保留原有习语的表达方式，而需要翻译出英语习语背后的引申含义。

### （三）套译的习语翻译

套译与直译、意译和音译均不相同，其主要使用汉语中存在的替代词，对英语习语的含义进行套用。套译词与英语习语有着相同的意思，但两者在内容表达方面会存在微小的差别。geometry（几何学）、Operational Research（运筹学）和 state（州）等，都属于套译的英语翻

译方式。套译习语翻译的主要例子有："Courtesy cost nothing"被译为"礼多人不怪",其中"Courtesy"(礼貌)与儒家的"礼"有着相近的含义。"Man proposes, God dispose"被译为"谋事在人,成事在天",其中"God"(神、上帝)与我国的"天"有着相同的寓意,因此,可以使用套译的翻译方式进行翻译。

英语短语或短句要想成为习语,必须经历复杂的被证明过程,而且要符合习语的相应特征。对于英语习语的翻译实践,需要针对不同习语的本身含义与文化内涵,选择恰当的习语翻译方式进行翻译。同时要兼顾目的语读者的文化习惯,对英语习语进行适当的修改与变形,做出符合词语内在含义的翻译表达。

## 第五节 新时代审计英语的要求与翻译实践

在世界范围内,审计与经济社会的发展一直存在紧密关联,审计能够在人的主观行为中对经济活动进行客观分析和研判,从中发现存在的问题及其成因。尤其在"一带一路"倡议的推动下,越来越多的企业参与到了国际化、全球化的经济活动中,涉外审计业务越来越频繁。包括会计师事务所、企业等在内的诸多社会组织,无论是经营自主权还是组织活力均有了前所未有的增强。在此背景下,为了确保更多的社会组织在全球化的世界中经济业务能够更加顺利,发展模式更加健康,一方面要强化涉外经济业务中审计实践的介入,另一方面要充分考虑东西方语言文化与思维的差异,防止在审计实践中出现不必要的交际障碍与审计失误。更为重要的是,审计实践中要强化审计翻译工作地位。审计人员不但要注重审计英语的词汇术语化、句法结构复杂化和语义表达客观化的特征,还应充分尊重审计英语的语言特点,在充分考虑英汉句法结构差异与共性的同时,借助多种翻译工具加以处理。因此,为了避免审计人员在和审计对象进行交际时出现障碍及失误,本节以新时代审计英语的要求为出发点,探讨审计英语的翻译实践问题。

### 一、新时代审计英语的基本特征

在专业英语翻译实践中,一般要对词汇、长句以及被动句等给予"特殊关注",以便更好地解决汉译中出现的典型问题。在新时代,虽然审计英语使用特征与翻译原则并没有出现较大变化,但随着我国涉外审计业务的持续增多,审计人员和审计对象之间的沟通难度越来越大。因此,有必要在审计英语应用和翻译领域做出更多努力:在充分尊重审计英语语言特征的前提下,对翻译工作进行全面分析,消除英汉句法结构差异,体现两者的共性。

在审计英语的实践当中,语言翻译的独立性被认为是最基本的属性。因此,要确保翻译内容具有独立性与公正性,一般很少以第一人称以及第二人称完成语义表达,这样做的目的在于尽量消减翻译人员的主观判断,确保翻译内容更加公正和客观。比如,在审计英语翻译过程中,与审计业务有关的词汇以主语的身份出现时,翻译工作就要特别注意。除此之外,还应关注审计英语翻译的语义关系，尤其是翻译词汇之被动性，以确保翻译内容更加科学。在当下，审计英语翻译需要充分考虑翻译环境的特殊性，对于出现的高频率词汇要尽量避免被动性语态的应用以及审计行为过程中执行者的参与，借此让语义表达更加客观，最大限度地展现语义表达和词语的形容性特征。为了使审计英语翻译更加有效，还要注意：审计英语文本形式一般存在于审计法案条例和书面报告当中，因其内容具有较强的专业性，要求翻译人员特别关注词义表达内的措辞问题，以确保审计英语和法律内容保持一定的关联，让翻译更具专业性。在审计英语翻译过程中，经常出现和法律审计有关的专业语言。比如，对于出现的 client 等词语，在翻译中就要特别注意审计专业词汇和法律专有词汇间的联系，既要提升其专业性，还应确保词语翻译之准确性。更为重要的是，在审计实践中，审计翻译的有关内容一般还会和部分经济活动保持联系。因此，翻译人员要注意英语词语题词内可能涉及的经济学和管理学等内容，以便在进行和经济学有关文章的翻译时，能够对出现的 bearer（翻译为"持票人"）等给出正确的解释。

## 二、新时代审计英语翻译的要求

审计英语翻译的目的在于将英语视作平台，完成对审计理论和审计方法的应用与传播，让审计实践，尤其是涉外审计实践在更加广阔的空间内得到推进。在这一过程中，审计人员要进一步认识到，审计英语是一门具有特殊用途的英语，更要对这类英语和其他专门英语之间的显著差异进行研判，以便在国际审计工作中与审计对象开展积极沟通与谈判。

### （一）强化术语 + 合理借鉴

在审计英语翻译过程中，翻译工作需要借助固定翻译方法，也就是通过直译的形式提升翻译质量。要实现这一点，就需要在强化术语的同时对翻译技巧进行合理借鉴。在翻译审计术语的过程中，还应借助固定翻译模式，以便让翻译内容不受审计语境的制约。否则，翻译工作势必会受到审计英语自身的影响，且这类现象还能够给特定语境设计带来制约。所以，在翻译实践中，还应该借助特定语言资源，以此对专业语句展开分析，在充分结合上下文内容的同时开展翻译工作。更为重要的是，翻译人员需要总结和借鉴翻译经验，如可以经常浏览翻译网站或者词典查询有关内容和翻译技巧，也可按照自身翻译经验对审计英语翻译进行总结，以保证翻译工作更加合理，达到更为理想的翻译效果。

### （二）队伍建设 + 能力提升

随着全球经济一体化进程的持续加深，国际审计实践表现出多元化的特征。英语是世界级的语言，在跨国审计实践体系内的应用越来越深入，审计信息的传播模式也更加畅通。尤其对于涉外企业来说，其业务项目运作中的专业审计人才成为越来越重要的资源。为此，在审计英语翻译过程中，就需要以保证翻译人员的专业性为前提，有针对性地进行审计英语专业人才的培养和教育工作，借此搭建更为理想和高效的审计人才群体，为完成更多审计英语翻译任务奠定人才基础。

### （三）信息客观 + 措辞专业

在运用审计英语的过程中，因其词汇正式、用词严谨和正规，要求翻译工作要做到词意准确。在文体层面上，审计英语是作为一种正式语域变体出现的，很多都与严肃的法律条文直接相关。所以，在翻译实践中，"准确"之标准不但要在词义、句义等视角获得满足，保证"信息精准"，还应充分考虑文本自身能够传递出的文体信息，达到"措辞专业"的目的。为此，在新时代，审计机关需要针对审计事项向政府部门进行通报，按照审计结果和审计意见完成后续工作。比如，审计英语翻译出现的"announce"一词，其原意为"宣布或者宣告"。可是，当其出现在审计文本内，就应重点考虑此类文体及其在文内之语境，将其翻译为"通报"不但与审计法案之用语相符合，还可以准确地体现"审计单位"与"社会组织"的内部关系。

### （四）表达准确 + 结构完整

"准确"的标准指的是努力实现等值翻译之最佳状态，"通顺"的标准在于提升翻译所要表达意思的清晰水平与完整状态。因此，在审计英语翻译过程中，应该充分分析汉语句子的特征与表达偏好。比如，在翻译"Audit decisions made by audit institutions shall be implemented by the audited bodies"时，"made by audit institutions"被视为"audit decisions"之后置定语。因为汉语中很少出现所谓的后置定语用法，所以在翻译时，这一后置定语需要进行结构方面的调整，使之与汉语之表达习惯相符合。此外，审计英语偏重被动语态，汉语则更加注重主动语态，在审计英语翻译过程中需要对此有所体现，让翻译过来的文本更为通顺。

## 三、新时代审计英语的翻译实践

对于审计翻译来说，其基本要求为准确和通顺。因此，在充分结合审计语言之特征与审计工作本身特点的基础上，新时代的审计英语翻译需要把审计翻译和审计信息加以整合，确保审计英语翻译成果更为真实和客观。同时，在审计英语翻译当中，需要破除翻译内容的限制因素，以便能够在现实场景中让审计英语得到最大限度的还原，为审计英语翻译质量的提升提供更多保障。

### （一）长句翻译

在审计英语翻译过程中，应依据英语内容之叙述展开，并按照汉语的表达习惯开展翻译工作。其中，对翻译中出现的名词后置问题，应该予以微调处理，将后置定语进行前置，使之以名词的形式出现，以此获得更为理想的翻译结果。审计英语中的并列语句通常借助"and"与"while"加以对接，前者意为并列，而后者就是对比，借助的方法都属于顺序直译的范畴。例如，对于审计人员的回避，应由审计机关负责人确定；而审计组织负责人的回避，要通过本级政府和上级审计机关负责人确定。在开展翻译时，就应该特别注意此类问题。

### （二）ESP 翻译

在审计英语翻译当中，为了达到更加高效地传递审计信息之目的，更加真实地反映审计英语翻译的内容，就需要从审计英语的本质要求出发，根据实际情况优化其形式，并在翻译实践中尽量保留审计英语的原本含义。审计英语被认为是带有专业目的的英语（ESP），因此需要在既定应用范围内被特定的社会群体所接受。为了实现这一点，就需要对日常用语的词义进行分析和研判，以防止审计英语之词义出现改变却按照原来的意思进行翻译，防止出现无法适应特定对象与特定场景的问题。相反，需要按照审计英语的表面意思开展翻译工作，以便让翻译结果能够更加准确地传达和审计有关的信息。

### （三）词汇翻译

对于审计英语中的词汇来说，翻译工作者需要将专业用法与之相结合，使之能够更好地体现文体特征和语境信息。这是因为，一词多义现象在审计英语翻译中十分常见，而一旦于审计文本以及语境内出现，其专业属性就会让此类词汇之意义表现出排斥性，因此翻译过程中需要充分考虑其特定又固定的用法，借此排除词汇本身之含义。此外，词汇之特殊含义一般有很多类似的表述，可是词汇表述能够排斥其他类似义项的选用。因此，审计词汇之同义义项以及近似义项之选择往往带有专业属性。比如"current"具有"目前的、现行的"以及"通用的、流行的"意思，可是在"current account"以及"current assets"中时，鉴于审计文本的语境，"current"就应被译作"活期（存款账户）"或者"流动（资产）"。

### （四）被动语态翻译

在审计英语翻译当中，翻译人员需要具有较为扎实的审计专业知识储备和审计水平。同时，为了适应瞬息万变的审计场景，从事审计英语翻译的人员需要更为广泛和深入地阅读与审计相关的诸多文献，在持续熟悉翻译实践与审计英语特点的过程中，确保译文更为科学与合理，使审计主体和审计客体均可以接受。其中，在审计翻译当中，部分被动语态之使用需要符合审计英语独立性与客观性的特点。比如，动作主体需要通过"by"引出，以确保语义可以更为清晰和明确[1]。

## 第六节　典籍翻译理论与英语教学实践

中国文学典籍是中国五千年文明历史的集中体现，在当今世界各国文化交流日益频繁的背景下，典籍的英译对传播中国传统文化、提升中国文化软实力和实现文化走出去的国家策略无疑具有重要意义，但同时我国典籍翻译又面临着巨大的挑战。本节通过探讨我国典籍翻译存在的问题，并研究解决的方案即与教育教学相结合，并采取科学有效的教学方法，以培养功底深厚的典籍翻译人才，促进典籍翻译事业的发展。

---

1　何自然. 语用学十二讲[M]. 上海：华东师范大学出版社，2011.

## 一、典籍翻译理论的介绍

中国文学典籍是中国五千年文明历史的集中体现,当今世界各国文化交流日益频繁,典籍的英译对推广中国古典学术知识、阐释中国的崭新形象有着重要意义。近年来典籍翻译受到了国内外学者的热烈关注,不过,在这股热潮中,很多学者依然看到了典籍英译中存在的两个问题,那就是翻译理论与实践脱节和典籍翻译人才的极大缺乏。而造成这一现象的根本原因是典籍英译这项事业并未与教育教学进行深度的结合。

本节的研究目的是通过探讨典籍英译面临的问题进而找到解决的策略即重视典籍英译教学,采取科学的教学方法,以促进典籍翻译事业的发展,促进中国古典文化的对外传播,提升中国文化的软实力。

## 二、典籍翻译面临的问题

### (一)翻译理论与实践脱节

目前,在中国的典籍英译界,理论与实践的脱节现象仍然比较严重。汪榕培教授曾在《典籍英译研究》(第5辑)的前言中指出:"从事中国典籍英译实践的人员多数不从事理论研究,他们对于翻译的见解多数见于译者前言或诗话式的片言只语之中。而从事理论研究的人员,则基本上不从事翻译实践,主要是把西方的翻译理论介绍到国内来。现在写翻译理论文章的作者还有一批是翻译专业的硕士研究生和博士研究生,他们没有翻译的实践,仅是照搬西方的某个理论,用来评论现有的翻译文本,难免有隔靴搔痒的感觉。"就理论探讨而言,译者在翻译文本时是追求"信"度还是追求"效"度,这涉及翻译方法、翻译标准、翻译策略、翻译原则与要求等。然而,目前我国学术界对典籍英译标准与策略的系统研究仍处于缺乏状态。

### (二)翻译人才缺乏

目前我国的现状是,专门从事典籍翻译与相关研究的人员数量仍然相对较少。在2004年,国务院新闻办公室主任赵启正在参观中国翻译成就展后,在接受记者采访时指出:"我们向外国传递中国文化的力量确实还比较弱,这也包括我们的外语力量欠缺。在介绍中国方面,很多外国有需求的书需要我们译成外文或至少要将摘要译成外文才能走向市场。我们在国际图书市场上操作不力,表面上讲是我们对外供应意识不足,其实,深度原因是我们中译外的人才非常匮乏,可以说是凤毛麟角。"事实上,到目前为止中华文化的不少精华之作还没有被翻译介绍到国外。例如,《史记》《资治通鉴》和《徐霞客游记》都还没有全译本。另外,译者也正面临人员结构老化的严峻问题。翻译一部中国典籍旷日持久,然而,现在,我国国内几乎所有的高校,包括外语类的院校,几乎都不认可外语教师的翻译成果。同时出版社支付的稿酬也很微薄,这些现状使不少年轻学者望而却步,不愿意从事典籍英译的工作。并且目前我国多数从事典籍英译的资深专家已渐入高龄,而中青年人才又严重缺乏,出现了典籍英译者队伍断层的严峻现象。

### 三、重视典籍翻译与教育教学的结合

面对目前国内典籍英译的现状，国家必须加强典籍英译与教育教学的结合。然而，有关典籍英译的教学似乎被学者们忽视了。尽管已经出版了许多相关的教材，但它们并没有被广泛应用，因为有许多翻译教学单位还没有开设相关典籍英译课程。有关典籍英译教学方面的论文也比较少，甚至一些重要的议题也并未提及。因此，教育部门应加快在高校设置典籍翻译专业的进程，并研究采取科学的教学方法，以培养更多专业典籍翻译人才。典籍翻译专业课程的设置对于翻译教学的开展及翻译人才培养目标的实现具有重要作用，对国家"文化走出去"战略的实施具有重要意义。

#### （一）翻译理论建设与实践相结合

典籍翻译教学不仅要重视翻译实践也必须要加强翻译理论建设。事实证明，理论素养是翻译能力的重要组成部分，同时也是专业化知识必不可少的组成部分。翻译理论不仅有助于学生掌握一般和特定的翻译能力，而且有助于学生在整个专业生涯中保持和提升自己的翻译能力。因此，在加强翻译实践的同时教师必须重视学生的翻译理论建设。

要建设典籍英译理论体系，应该以描述性翻译研究、翻译转换研究、以翻译为目的的文本分析和基于语料库的翻译研究作为理论基础，四者相互联系，在逻辑方面互为依托，一起构筑典籍翻译理论建设的坚实底座。

描述性翻译包括三个研究方向，即产品研究、功能研究和过程研究。对要翻译产品的描述是理论建设的出发点。与此同时，为了研究典籍英译的规律，译者还要观察目的文本中源文本特征的转换结果，并推测这些特征在翻译过程中是如何被移植的。从这个意义上来讲，翻译过程也是研究对象的过程。描述性翻译的功能不仅仅是对翻译实践进行观察和描述，更重要的是研究结果将被用来建立翻译原则和模式，即描述性翻译研究的结果最终将被用于翻译理论研究。

翻译转换研究可以简单地概括为把源语翻译到目的语中发生的细小变化。因此可以说，翻译转换概念的核心是"变化"或"差异"。而产生转换的根本原因取决于两个作者、两种语言和两种文学情境的差异。译者在使用翻译转换分析法前，必须明确其研究目的，从而确定描述何种类型的翻译转换。运用翻译转换进行翻译描述的时候，译者必须辨别源文本的独特特征，而这个工作就要借助以翻译为目的的文本分析来完成。

以翻译为目的的文本分析一般是指在实际翻译过程之前译者对源文本的各种特征进行的分析。大多数翻译理论家都认为，在进行典籍翻译之前译者只有通过对文本的分析才能确保全面、准确地理解和把握原文。

语料库的使用经常与翻译规范研究联系在一起，把语料库作为研究工具将会大大提升翻译规范性研究的深度、广度和准确度。在翻译研究中，语料库能真正做到分析数据化和定量化。并且，翻译语料库还允许译者进行定性分析，定量分析与定性分析的结合，为客观、科学的研究提供了必备条件。所以，构建典籍翻译理论体系，译者可以采用自建典籍英汉小型平行

语料库的方式。在使用的过程中，译者可以对源文本中的各种特征和目的文本中的翻译转换特征进行标注，用这种方法通过统计和分析，译者可以比较清楚、准确地确定典籍翻译中存在的翻译规范，进而建立典籍翻译的翻译原则和模式，并最终建立典籍翻译的理论体系。

因此，一方面教师要注重典籍翻译实践，在课堂上安排一些实践活动，使学生积累对翻译的感性知识。另一方面教师要重视理论建设，积极引导学生构建典籍翻译理论体系，以提高学生的典籍翻译能力。

（二）重视文、史、哲三科知识的互通性

在我国当前的学科体制下，所有的教育似乎都可以量化为客观的知识和能力，如翻译水平等级考试。事实上，翻译教学作为一种人文教育，它需要学生建立独立的人格意识、创造力和想象力，以形成健全的价值取向和判断能力。因为翻译不仅仅是一种语言到另一种语言的转换，而且译者也不仅仅是原作者的影子。翻译其实是一种艺术的再创造。对同一部中国典籍的英译，不同的译者有其翻译风格，再加上时代背景及政治因素对译者的影响，译文往往带有意识形态和价值取向。一名合格的译者需要有良好的修养和同情心，高尚的个人趣味和情操，对个人、家庭、国家、天下有强烈的责任感，对人类的命运有勇敢的担当。以上这些素质是需要译者通过对文、史、哲三科的学习及通过对人类千百年积累下来的优秀成果的吸纳和认同逐渐形成的。中国典籍翻译课程的特殊之处在于，要求学生进行翻译的材料都是古典名篇，所以对文、史、哲这三方面基本知识的要求更高。学生在做典籍翻译的过程中，困难大多不是来自怎样进行有效的双语转换，而是来自对源语篇的正确、标准的理解。

因此，在教学过程中，教师要加强对学生文、史、哲三科的培养，要求学生多读文、史、哲方面的优秀书籍。在教学方法上可采用"文化导入"式的方法，即教师适度对学生补充基本的文、史、哲常识，以此提升学生对经典文献的理解能力。学校要尽力为国家培养出更多专业优秀的典籍翻译人才，为弘扬中国传统文化做出贡献。

随着我国综合国力的不断增强，典籍翻译的需求量正在逐年加大。因此，我国需要进一步加强典籍翻译的学科建设，并逐步建立一支中英文造诣精湛、中西学识功底深厚的专业典籍翻译队伍和研究人员，将中华五千年文化的精华有计划、系统地向世界传播。本节研究了我国典籍翻译的现状、目前面对的问题，并提出了解决的方案即重视典籍翻译教学，采取科学的教学方法以培养出更多专业优秀的典籍翻译人才。同时希望本节所做的探讨能有益于国内典籍翻译的学科建设，也期待着更多有识之士能不畏艰险，投身到典籍翻译这一崇高而艰巨的事业之中。

# 第七节　文化建构与文化欠缺对英语翻译实践的影响

在英语翻译中，翻译者不仅要掌握正确的英语语法知识，还要了解英语文化背景，如此才能够正确地翻译出英语中所表达的情感，以及具体的含义。所以，在英语翻译中要对文化欠缺的情况进行弥补，积极地对文化进行构建，以确保英语翻译的准确性。

## 一、文化缺失对英语翻译实践的影响

### （一）语言表达不准确

在英语翻译实践中，文化缺失对其最明显的影响表现在语言表达的不准确上。英语与汉语本身就属于不同的语系，翻译者不了解英语国家的文化背景、风俗习惯、交际礼仪等，就会使翻译的内容与实际内容存在很大的偏差。翻译者受到母语的影响，在学习英语的时候无论的发音还是对语法的掌握方面，都可能会出现一些问题。对英语进行翻译时，尽管能将基本的意思表达出来，但很难诠释其内涵。

### （二）翻译方式错误

目前，大部分的英语翻译都采用的音译法，或者采用意译法，导致翻译的内容准确度不高，文化信息传递质量偏低。在翻译过程中，为尊重原作，翻译者会逐字逐句的翻译，在翻译的过程中不对语序进行调整，导致所传播的文化信息有所偏差。比如，将"老人与海"翻译成"The Old Man and the Sea"，这在内容与含义上无法保持一致性。

## 二、英语翻译中的文化构建

### （一）对中西方文化进行融合

在对英语进行翻译时，翻译者应深刻地理解英语原作的内容及内涵，根据目标语的历史文化，结合实际情况，将中西方文化进行深度融合，如此才能在翻译内容中表现出应有的文化内涵，达到比较好的翻译效果。比如，将"乱世佳人"翻译成"Gone with the wind"，将"笑傲江湖"翻译成"Sordsman"等，这样能够保证内容与内涵上的一致性。在对这些作品名称进行翻译时，既要了解中国文化，又要了解英语文化，才能通过中西方文化的融合，提高翻译的精准度，达到比较完美的翻译效果。

### （二）遵循英语翻译原则

英语的翻译标准是在长时间的实践中总结出来的，翻译者必须对其有充分的了解，才能够保证翻译的正确性。在英语翻译实践中，翻译者不仅要将字面上的意思准确地翻译出来，还要将原文的情感进行准确的传达，使译文的表达方式、翻译风格能够基本与原文保持一致，这样读者才能真正地理解译文的内容。在翻译的时候，要遵循目的语国家的语言习惯及英语翻译原则，以确保翻译的准确性。

（三）灵活选用翻译方式

根据翻译内容灵活地选择翻译方式，能够提高翻译质量。在英语翻译实践中，如果只采用一种翻译方式，必然会导致许多翻译错误或者不准确的地方。所以，要将多种翻译方式结合起来使用，以强化译文的理解力，诠释翻译文章的内涵。比如，对于"分明曲里愁云雨，似道萧萧郎不归"可采用模糊翻译的方式，翻译成"Its clear that the song is full of worry and sorrow. As if to complain that her lover has not yet return"以这样的方式翻译古诗词，能够让西方国家的人更好的理解其中的含义，其中还采用了意译的方法，否则西方人在理解中国古诗词的时候很难真正理解其中的意思。

综上所述，文化欠缺会对英语翻译实践产生不利的影响，因此，在英语翻译实践中应注意文化的重构。在实践中，不仅要重视对中西方文化进行融合，遵循英语翻译原则，还要灵活选用翻译方式，既能传递文字的表面意思，又能传递文化情感信息以达到最好的翻译效果。

# 第三章 生态翻译学的基本内容

## 第一节 生态翻译学的艺术维度及其转换

任何文本都存在艺术信息,艺术信息构成了文本的艺术维度。文本中的艺术信息以文本的"形""神"以及形神关系呈现出来。译者在翻译过程中,需要仔细辨别原文本中的"形""神"以及形神关系,对其进行适应选择,并将其恰如其分地转换到译文本中。译者在对艺术维度进行转换时,主要有三种模式:以形写神、离形得似、形神兼备。译者对艺术维度进行转换时,需要遵循形似、神似、形神兼备的顺序。

2001年,胡庚申教授在"国际第三届亚洲翻译家论坛"提出翻译适应选择论。此后,他又不断地丰富这个全新的理念,使其成为系统性的生态翻译学。随后有关生态翻译学的研究如火如荼,产生的成果非常丰富。胡庚申教授提出的生态翻译学的核心观点之一是,译者要对文本的"三维"(语言维、交际维、文化维)进行转换,才有可能产生恰当的译文(胡庚申,2008)。本节提出,三维的划分略显粗放,生态翻译学的研究还需要深入挖掘艺术维度的转换问题。

### 一、艺术维度:文本不可或缺的维度

(一)艺术维度的界定

在《辞海》中,艺术的定义是这样的,"人类以感情和想象作为特性的把握世界的一种特殊方式,即通过审美创造活动再现现实和表现情感理想,在想象中实现审美主体和审美客体的互相对象化。具体来说,它们是人们现实生活和精神世界的形象反映,也是艺术家知觉、情感、理想、意念综合心理活动的有机产物。作为一种社会意识形态,艺术主要是满足人们多方面的审美需要,从而在社会生活尤其是人类精神领域内起着潜移默化的作用"。

根据这个定义,我们发现,艺术反映了人类与客观世界(自然界、人类社会)之间的关系。人类与客观世界密不可分,人类对客观世界既有基本的情感,也有特殊的情感。为了满足基本的生存需求,人类用基本的情感认知客观世界、改造客观世界,为了与客观世界建立良好的关系,更好地主宰客观世界,人类对客观世界进行特殊的体验,并赋予客观世界特殊的情感。这样,人类对客观世界进行特殊的体验、赋予客观世界特殊的情感就是在创作艺术作品。人类创造了许多艺术作品,如文学、绘画、戏剧、音乐、舞蹈、电影、雕塑、建筑等。

这些艺术作品必然包括多方面的艺术元素，因而具有鲜明的艺术特征，并且容易被人们知晓，使人们得到审美体验。许多艺术作品还具有永恒的艺术魅力，因而影响广泛，历代相传。

通俗地说，艺术作品就是人们认真地刻意创造出来的东西，这种东西是人们认真地、刻意地对客观世界的描述，这种东西能够从人们的知、情、意三方面均衡地反映客观世界。

译作理所当然也是一种艺术作品，因为它是译者刻意、用心完成的，反映了作者的思想、感情、精神，也反映了译者的思想、感情、精神，而且具有独特的形式、神韵、风格。这种艺术作品由多个别具特色的艺术元素组成，并且这些艺术元素相互影响。翻译本身也就是一种创作艺术作品的活动，在开展这个活动的过程中，译者需要对原作中的艺术元素进行转换。也就是说，译者既要达原文本的"意"，还要传原文本的"神"，力求使译文本神形兼备。译者只有依靠自己的综合素养，细致入微地领会原文本的内容，体味原文本的隐含情趣，才能充分发挥译语优势，淋漓尽致、水乳交融地把原文本忠实地表达出来。

简言之，翻译的艺术维度转换就是指在翻译过程中对原作中那些艺术元素及其关系的转换。通过对这些艺术元素的转换，译作可以把原作中呈现的艺术信息和艺术特征转换出来。

（二）必要性

在生态翻译学视域内，任何翻译客体都处于生态环境中。具体的翻译客体就是各类语篇，也就是各类文本。韩礼德和哈桑（Halliday & Hasan）认为："The word text is used in linguistics to refer to any passage, spoken or written, of whatever length, that does for maunified whole." 韩礼德和哈桑强调文本是长度随意、语义完整的篇章。我国学者在引介文本（语篇）这个概念时，对其界定进行扩大及完善。黄国文认为，"语篇通常指一系列连续的话段或句子构成的语言整体"。胡壮麟把语篇定义为"语篇指任何不完全受句子语法约束的在一定语境下表示完整语义的自然语言"。也就是说，一切听得见、看得着的人类言语活动的产品都可以是语篇。文本是一个图标、一个符号、一个单词、句子、段落、语篇，或多模态文本。人们通常所说的翻译客体是指各类书面文本。可以说，任何文本都是人们刻意、用心创造出来的，都具有艺术信息，都可称为艺术作品。不同类别文本的艺术内涵存在差异，这是因为不同文本蕴含的艺术元素构成不一样，艺术元素之间的相互关系不一样。任何翻译也是艺术作品，翻译需要把原作的艺术信息在译作中转换出来。

胡庚申认为，翻译是译者适应翻译生态环境的选择活动。他提出"翻译生态环境"的概念，认为"翻译生态环境"是指"原文、原语和译语所呈现的世界，即语言、交际、文化、社会，以及作者、读者、委托者等互联互动的整体"（胡庚申 2004：174）。后来，随着研究的深入，人们又认为，翻译生态系统是一个集实际文本、文化语境、人类主体和其他有开或无形的因素于一身的实体。在生态翻译学中，翻译活动的依据是一些生态系统中的原则，如整体论、关联论、变化论、平衡与和谐、生态美学等。这一领域比较多地融合了中国哲学因素及文化精髓。其哲学理论依据主要包括"天人合一""中庸之道""以人为本""整体世界观"等。

毫无疑问，译者是翻译生态环境中的主体。译者在翻译过程中面对的是庞大而复杂的客体，这个客体由类型多样、关系复杂的各类元素构成。译者需要遵循"适者生存"的法则，适当地适应选择不同的元素，处理不同元素之间的关系，进而创造性地产出译文。译者的选择适应过程是动态的，各种元素是变化的，各元素之间的关系也在不断变化。相应地，译会者不断地认知、处理、平衡各种关系，对不同因素进行多次选择、适应，译者的翻译是不断处理各类关系交替变化、循环往复的过程。

胡庚申具体指出了适应选择可以从语言、文化、交际三个维度展开。语言维度的适应性选择转换就是"译者在翻译过程中对语言形式的适应性选择转换"。文化维度的适应性选择转换要求"译者在翻译过程中关注双语文化内涵的传递与阐释"。交际维的适应性选择转换指"译者在翻译过程关注双语交际意图的适应性选择转换"（胡庚申，2009）。我们认为，从"三维"阐释文本转换仅仅是原文到译文的部分生态环境元素的转换，而任何原文本都有艺术层面的信息，艺术层面的信息转换是文本的重要组合部分，也需要适应特定的翻译生态环境。

## 二、艺术维度的诸元素及其翻译转换

### （一）艺术维度的诸元素

一部艺术作品的艺术特性由其形式、内容、以及形式与内容的关系体现出来，所以构成文本艺术维度的诸元素主要包括形式、内容、以及形式与内容的关系，也就是"形""神""形神关系"。

#### 1. 形式

各类文本的形式使文本有了鲜明特征。不同文本的"形"使得文本具有不同的功能，表达着不同的信息。例如诗歌有非常浓缩的形态，可以精练地表达丰富的内容。中国历代诗歌都有不同的形式。《诗经》里的诗歌的形式多是四言为一句，四行为一节。后来的诗歌呈现多种形式，其中五言绝句的形式要求是每行五个字，总共四句，七言绝句规定的形式是每行七个字，总共四句。词是另一种更自由的诗歌体裁，不同的词牌名都有总体字数的规则，还有内部每一句字数的规则。中国传统小说多属章回体，也有特定形式，每章回的开头是一个对偶句，结尾则有"要知后事如何，请听下回分解"等套语。俳句是日本特有、影响巨大的一种古典短诗，共由三句十七字音组成，三句长短有严格要求，必须是首句五音，次句七音，末句五音。英语文学中的十四行诗也有严格的形式要求。莎士比亚体的十四行诗由三段四行和一副对句组成，即按四、四、四、二编排，每行诗句有10个抑扬格音节。以结构巧妙、起承转合自如为特色，常常在最后一副对句中概括内容，点明主题。英语的视觉诗更是要通过特有的形式来表达独有的韵味。其他文本也受形式限制，随着科技的发展，多模态文本更是呈现出丰富多彩的形式。简言之，不同文本以不同形式呈现出来，就是要表达独特的艺术信息。

文本形式包括两种：语内形式和语外形式。文本的语内形式包括从最基本的文字、句子结构到整体的篇章结构和风格。同一类型文本的语内形式有许多共通之处，如中国五言绝句的行数、字数、押韵、平仄等规则，这是文本创作者必须遵循的。

语外形式则是文本创作者可以灵活掌握的，因为文本的创作者决定以何种形式呈现文本。甚至文本的局部语外形式都呈现出文本创作者匠心独运，如《红楼梦》中各式各样人物的名字都颇具深意，自成一套。例如，贾家的四位千金以四春命名，而四春的丫鬟分别取名为琴、棋、书、画。影响语外形式是文本创作者的综合素养，而影响文本创作者综合素养的因素非常复杂，主要包括文本创作者的性格、气质、感情三方面因素。这些因素由人的生活环境、学识教养、职业、经历以及遗传因素所决定的。随着年龄、身份的变化，人的性格、气质、感情也会发生变化。人的性格、气质、情感，在外形动作、态势上的显露，称之为神态；在表情上的显露，称之为神情；在气质上的显露，称之为神气。

2. 内容

任何文本都要表达内容。英国著名语言学家杰弗雷·利奇（Geoffrey Leech）在他的代表作《语义学》（*Semantics*）中指出，词汇的意义分为七种主要类型：概念意义（conceptual meaning）、内涵意义（connotative meaning）、文体意义（style meaning）、情感意义（affective meaning）、反映意义（reflected meaning）、搭配意义（collocation meaning）、主题意义（theme meaning）。一个词汇就可能有七种类型的意义，一个译文文本可以由多个词汇构成，文本的内容就由多个词的意义构成，那么，文本内容的意义就会复杂得多。文本的内容不单指文本的语言信息、文化信息、交际信息，还应包括艺术信息。艺术信息就是文本的气、韵、意、趣，可以用文本的"神"来概括。"神"是文本创作者"缘物寄情""借物抒情"的结果，是创作者抒发的主观情感，是创作者自身的个性、风格的体现。一千个读者可以读出一千个哈姆雷特。所以，任何文本都可能"言有尽，而意无穷"。这样，文本的"神"可以被不同的读者进行不同的解读，文本的"神"也就千差万别了。由文字和其他元素共同构成的多模态文本，其"神"更是丰富复杂了。

3. 形式与内容的关系

形式与内容的统一是文本创作者刻意经营的结果，更具体地说，是创作者对字、词、语、句、段落章节的刻意安排，是对全篇的音、形、义、境中详加揣摩与斟酌的结果。显然，形式是文本的外在表象，而内容则是文本的内在隐含。文本的"形"与"神"存在密切关系。

形神理论首先出现在哲学领域，然后逐渐进入文学领域。形神争论由来已久，主要形成三个流派，一是主张形似派，认为只有先求形似，才能达到神似；二是主张神似派，认为形似不可求，神似才是唯一的追求；三是主张形神兼备派，认为"形"与"神"两者互为依存，是矛盾又统一的，是斗争又融合的。

形神兼备是人们追求的最高境界。荀子在《荀子·天论》中指出："形具而神生。"也就是说，"形"与"神"的关系是对立统一，即"形"为"神"存在的基础，"神"是"形"的升华。"形"无"神"，则僵死无活气；"神"无"形"，则玄虚而缥缈。文本创造者追求"形"是为了凸显"神"，然而，对"神"的追求必须要建立在"形"的基础之上，否则"神"只能是空谈，是个人臆造。

## （二）艺术维度诸元素的转换模式

根据中国古代的艺术理论，人们把艺术作品创造实践中处理形神关系的模式总结为三种，即一是"以形写神"，二是"离形得似"，三是"形神兼备"。任何文本都是"形"与"神"的和谐统一，形为躯体，神为灵魂，形因神生，神以形存，二者相互依存。翻译文本也不例外。基于此，我们认为，译者在进行翻译的过程中，处理"形""神"及形神关系的转换也有这三种模式。

### 1. 以形写神

"以形写神"是东晋画家顾恺之提出来的。顾恺之在《魏晋胜流画赞》云："人有长短、今既定远近以嘱其对，则不可改易阔促，错置高下也。凡生人亡（无）有手揖眼视而前亡所对者，以形写神而空其实对，荃生之用乖，传神之失矣。空其实对则大失，对而不正则小失，不可不不察也。一象之明昧，不若悟对之通神也。"顾氏"以形写神"表明，画家不仅应追求外在形象的逼真，还应追求内在的精神本质的酷似，追求神应以形为依据。他认为，要想获得传神的艺术效果，抛开所描绘的对象的"形"，那就是"空其实对"，是绝对不行的；当然，如果不去深入观察所要描绘的对象，抓不住它的"神"，只是对着实际的东西依葫芦画瓢，这样虽然"形"是有了，不过是无"神"之"形"而已，乃是"对而不正的偏颇"。可见，顾恺之的核心观点是，"神"是要以"形"为基础的，要通过符合传神要求的"形"，才能体现其"神"。

以形写神，即写形是手段，写神是目的。形与神之间，形主外貌表象，神主内核本质，两者的作用不是等同的。可以看出，译者根据自己的综合素养，尽可能地去理解原文的"形""神"及"形神关系"，在明确了作者当时的处境后，要与原作者的心意逐步靠近，体会作者的言外之味、弦外之音，在译文中"以形写神"，将其转换成具有生机的译文。

### 2. 离形得似

"离形得似"的说法是由唐代诗论家司徒空提出来的。他在《二十四诗品》中指出，诗歌在描述某对象时要得其"神似"，而不必要忠实地描写对象的外表和细节，而是在某种程度上离开描写对象的原貌和形态，甚至运用夸张或象征之"形"来具体地传达出事物的内在之"神"来。也就是说，既要基本照顾到所咏之物的外在形象性，又要落脚到"神似"之上，抓住所咏之物的神魂。也就是说，"形"就是"象"，而"神"就是"象外"的"环中"，人们应该"超以象外，得其环中"，即像外求"神"之意。

"神"是译者对原文文本总体精神的一种主观感受，是由表层到深层的一种艺术方面的锤炼，要凭借译者出神入化的创造，达到不求貌同，而求"神似"的境界。

现代著名翻译家傅雷把"离形得似"的观点阐释得更清晰。他认为，语内形式和语外形式两方面的差异，都会影响翻译转换。他指出，中西方在语内文字上存在十大差异：文字词类的不同；句法结构的不同；文法与习惯的不同；修辞格律的不同；俗语的不同、即反映民族思想方式的不同；感觉深浅的不同；观点角度的不同；风俗传统信仰的不同；社会背景的不同；表现方法的不同。傅雷认为，影响翻译转换还有语外形式的差异，他说："译事虽近舌人，要以艺术修养为根本：无敏感之心灵，无热烈之同情，无适当之鉴赏能力，无相当之社会经验，无充分之常识（所谓杂学），势难彻底理解原作，即或理解，亦未必能深切领悟"也就是说，译者的性格、气质、感情等因素也会在译文中呈现出来。基于此，傅雷指出，翻译就必须像伯乐相马，要"得其精而忘其精，在其内而忘其外""去粗存精，得意忘形"。

3. 形神兼备

"形神兼备"的观点是北宋诗词、书法、绘画集大成者苏轼提出的。苏轼在阐释绘画时提出了以"形"写"神"，"形""神"兼备，重在"传神"的主张。在苏轼看来，一幅好画必须做到生动和传神，才能达到沁人心脾、感人魂魄的艺术魅力。

苏轼的"形神"兼备的说法同样适应于翻译中。也就是说，在活动中，最理想的情况无疑是形神兼备。在翻译过程中，译者首先要取其"形"。译者应当在充分了解原文的基础上，运用形象思维对原文进行选择和提炼，进行艺术加工，尽力再现原文的"形"，或者在形式上采取变通的手法，适应译语的生态环境。其次，译者要运用抽象思维提炼原文的"神"，并将其转换。最后，译者需要通过再创造使"形"与"神"和谐共存，让译者与原文、译者与译文、译作与读者都处于和谐的关系体系中，从而使译文尽量达到"形神兼备""美而忠实"。

（三）艺术维度诸元素的转换层次

首先，译者需要进行"形"的转换，追求形似。在翻译过程中，译者首先应尽力保持原文的"形似"，即要根据文本的实际内涵来选择适应"形"的转换，尽量不要随意发挥演绎，因为"言之不存，神将焉附？"形式是内容的载体，有形才能有神，形是神的根基。另外，原文本的"形"具有旺盛的生命力，有可能在译语文本中生根发芽成长。如果不能完全忠实地再现原文的"形"，需要进行变形处理，以使在译文本中实现原文本"形"的合适转换。

其次，译者需要追求形似的基础上，尽力进行"神"的转换"。"书不尽言，言不尽意。"显然，"神"韵蕴含在文本的字里行间，蕴含在创作者特意选定的文本上。译者在完成形似的基础上，力求原文的"神似"。因为"神"是文本的精髓之所在，如傅雷所言："重神似不重形似。"他说道，"以效果而论，翻译应当像临画一样，所求的不在形似而在神似"。也就是说，翻译活动不能仅仅寻求两种语言文字表面简单的对应，而最重要的是要力图传达原作的神韵。

最后，译者需要追求"形神兼备"。译者需要尽力保持"形"与"神"关系的和谐平衡，即译者需要充分发挥其综合素养，不仅要注意实现"形似"，而且应深入挖掘原语的内涵与神韵，从整体着眼，细节着手，注意每个细节所包含的生机和灵魂，把原文的"神"恰如其分地表达出来，实现"神似"，从而达到译作与原作"形"与"神"的和谐统一。黄国文指出，"我们的注重点究竟是译意还是译味，这有很多因素制约，一是翻译的目的和动机（如直译与意译，异化与归化），二是翻译语篇的类型（如，菜谱、科技文献和诗歌），三是译意和译味在含量上的关系"。译者要完成译文本"形神兼备"之功，必须具备"才、胆、识、力"。

正如清代叶燮《原诗》中的精辟论断："大凡人无才，则心思不出；无胆，则笔墨畏缩；无识，则不能取舍；无力，则不能自成一家。"

在生态翻译学视域下，任何文本都存在艺术信息，但是不同文本的艺术信息含量存在差异。文本的艺术信息由"形""神"以及形神关系等诸元素构成，呈现出文本清晰的艺术维度。译者在翻译中，需要认真对艺术维度的转换问题，译者需要仔细辨别原文本中的"形""神"以及"形神关系"，并将其恰如其分地转换到译文本中。译者在对各种艺术元素进行选择适应时，主要有三种模式：以形写神、离形得似、形神兼备。译者在转换艺术元素时，需要遵循形似、神似、形神兼备的顺序。

## 第二节　生态翻译学"四译说"新解

"四译说"是由"何为译、如何译、谁在译、为何译"共同组成的。作为生态翻译学的一种新理念，"四译说"旨在揭示其蕴藏的本体论意蕴、方法论意蕴、人本论意蕴与目的论意蕴，是一种关涉适应/选择、文本移植、适者生存、译者生存、文本生命、生态平衡等以"生"为导向的翻译理念。因此，挖掘"四译说"背后所蕴含的"生"，本质上就是揭示文本移植过程中文本生命在异域中的再生与生长，这既超越了传统翻译的"文本"理念，又代表着生态翻译学研究"向生而行"的深入推进。

生态翻译学作为翻译学领域中一个新的研究范式始于21世纪初叶，以胡庚申为代表的生态翻译学学派通过自己的著作《翻译适应选择论》(2004)与《生态翻译学：建构与诠释》(2013)，基本上确立了当前生态翻译学的理论话语体系与研究范畴，确定以"何为译、如何译、谁在译、为何译"为生态翻译学的"四译说"，以"四译说"为基底来建构生态翻译学的本体论、方法论、人本论与目的论。传统译论通常以"何为译"为基本问题，生态翻译学则以"何为译、如何译、谁在译、为何译"为基本问题，二者有着完全不同的问题结构。本节基于"四译说"的整体立场，重新阐释"四译说"的多维意蕴，阐明"四译说"的本质思想，挖掘"四译说"背后蕴藏的翻译理念。

### 一、"四译说"的多维意蕴

生态翻译学的主题是探讨"何为译、如何译、谁在译、为何译"问题，与此相关的本体论意蕴、方法论意蕴、人本论意蕴、目的论意蕴通过"四译说"思想的展开得以彰显。换言之，在生态翻译学的发展进程中，"四译说"是由"何为译、如何译、谁在译、为何译"共同组成的一种整体性的翻译理念。因此，要深入地认识与把握"四译说"思想，有必要对"何为译、如何译、谁在译、为何译"做一番考察，探讨其中分别蕴藏的本体论意蕴、方法论意蕴、人本论意蕴与目的论意蕴，揭示"四译说"思想的各个层面及其相互关系。

（一）"四译说"的本体论意蕴

"四译说"中"何为译"的本体论意蕴是生态翻译学的拱心石，并构成生态翻译学的理论基石。这个拱心石是由"翻译即适应/选择""翻译即文本移植"与"翻译即生态平衡"三个层面共同构成的。如果离开了这样的拱心石，要实现对生态翻译学"四译说"的切近阐释，几乎是不可能的。

其一，"翻译即适应/选择"就是对"何为译"进行一种整体性阐释，它要改变以往翻译研究那种单一化与平面化的思维倾向，用一种动态的、多元的、整合的、整体的、生态的观念来认识和研究翻译现象。在生态翻译学视域下，适应与选择是互联互动、相辅相成、缺一不可的。在适应与选择的关联中，生态翻译既要"适应"——译者对翻译生态环境的适应，又要"选择"——译者以翻译生态环境的"身份"实施对译文的选择；适应的目的是求存、生效，适应的手段是优化选择，而选择的法则是"汰弱留强"。因此，适应/选择就是为了使文本生命在新的翻译生态环境中获得新的生命力，获得一种适应新生态翻译环境的再生力与生长力。由此而来，"四译说"开始以"翻译即适应选择"为理念，突破传统翻译的语言"转换说"的阈限，不再以静态的文本为唯一的研究对象，而是向"文本生命"行进，有意识地把目光专注于文本生命在新的翻译生态环境中的诞生、成长与发展。

其二，"翻译即文本移植"就是强调翻译的可移植性。它是通过"翻译生态环境"选择译者与"翻译生态环境"选择译文的方式，来实现原文生态与译文生态之间的内在移植而动态生成的，从而实现原文与译文在语言生态、文化生态、交际生态中的和谐平衡，即在做生态翻译的文本移植时，要从原作内在的生态结构出发，对拟翻译作品进行选择，并且在翻译的过程中依循原作固有的生态结构在另一种语言中进行再现。当"四译说"不再囿于以文本为定向的、还原式的传统翻译的眼界去讨论翻译问题时，我们就会自然而然地悬置语言"转换说"而转向文本"移植说"，翻译所关注的是文本移植后如何使翻译文本在新的翻译生态环境中获得新的生命活力并能够持续地生长，所表征的是翻译文本的生命状态在新的翻译生态环境中的"投胎转世"。从这个意义上来说，文本移植就与文本生命发生了直接关联，再生与生长构成了文本移植的核心内涵，并成为文本生命在新的翻译生态环境中得以延续与发展的根本原因。

其三，"翻译即生态平衡"就是寻求文本生命、译者生存与翻译生态之间的和谐共生，以使翻译实践的发展变化趋向和谐共生，从而进行新陈代谢与吐故纳新，通向彼此之间的共生互存、和谐统一的生命状态与生存状况。此乃"和者，天地之所生成"（《春秋繁露·循天之道》）与"太和，和之至也"（《张子正蒙注》）中之"和"的表征。翻译的目标就是回到文本生命、译者生存与翻译生态的和谐共生。和谐共生成为翻译的内在要求，而翻译内在必然地朝着自己的和谐共生来发展，又以和谐共生为翻译的目标。翻译的核心内涵是文本生命、译者生存与翻译生态共质下形成的和谐共生，这个和谐共生不再仅仅涉及传统翻译的文本思考，而是更深入地挖掘翻译文本在新的翻译生态环境中的诞生、再生与生长。

## （二）"四译说"的方法论意蕴

当理论还未成熟或理论有了危机的时候，可引入其他学科的方法或用新的视角审视研究对象，从而创建新的方法来推动理论研究的深入发展。生态翻译学正是在传统翻译理论陷入危机的背景下，通过追问"如何译"以及拓展其内涵的方式，引入达尔文自然选择学说与生态学的方法来重新审视"如何译"思想而创建的。因此，生态翻译学是一个复杂的方法论问题，必然渗透着方法论不同层面的思维过程。"四译说"中的"如何译"思想依托于宏观生态理论并借此拓展其方法视野，成为生态翻译学理论发展过程中最具探讨性和反思性的翻译方法论问题。它为翻译学与方法论的实时对话搭建了桥梁，为翻译模式与翻译实践的沟通融合构建了平台，为翻译方法与翻译理论的交流探讨提供了载体。"如何译"的内涵越得到丰富与扩展，越能加速传统翻译理论陈旧观念的淘汰，越能推动生态翻译学方法论的整体建构，从而在各种不同的翻译方法体系之间创造一种内在的、深远的"宏观—中观—微观"方法论，即由翻译理论的宏观方法论、翻译模式的中观方法论与翻译实践的微观方法论共同构建的"一分为三"的辩证思维模式。

其一，翻译理论的宏观方法论是"生态范式"。它既是学者共同体追问"如何译"的共有信念与价值标准，强调"牵一发而动全身"的生态整体化，又是在探讨"如何译"的实践过程中形成的价值信念和心理结构，以及一种支配译者进行翻译思考与翻译行为的生态思维规范。生态思维规范可以在较为普遍的层面体现"如何译"的价值信念，它蕴含着生态翻译学的翻译思维方法以及关于翻译的较为稳定的看法，往往与普遍的价值原则、翻译原则、生态取向相联系，从总的方面规定生态翻译的目标和方向；生态思维规范也可以体现为具体的翻译准则，对"如何译"提供较为具体的诸如翻译模式、翻译策略、翻译技巧等规定。因此，翻译理论的宏观方法论是生态的，它决不单单是翻译方法、策略或技巧的简单相加，而是生态翻译中建构的翻译模式以及选择的翻译方法、策略或技巧之间的相互关联。各种翻译行为彼此交织在一起，其中某一个建构或选择往往牵一发而动全身。换言之，"四译说"中的"如何译"是一个生态整体化的思维方式，是一种生态智慧，是一种生态范式。这种生态范式通过扬弃以往翻译思维方式的单一模式，整体和生态地看待文本生命、译者生存与翻译生态，追求生态平衡的思维视域与价值取向。

其二，翻译模式的中观方法论是"适应/选择"。中观是介于宏观和微观之间的一个视域，这个视域的宽窄深浅很大程度上取决于宏观理论的发展和翻译实践经验的积累。适应/选择作为生态翻译学中所理解的中观方法论，它是通过规范"如何译"的中观思维方式而建构起生态翻译模式的。探讨以适应/选择为取向的中观方法论，乃是"四译说"的"中庸"之道，即以"中"（中观）去整合"庸"（宏观与微观），这种整合就是要寻找宏观与微观方法论之间的"居中点"，从而使生态翻译"守中致用"。它既是衔接翻译理论宏观方法论与翻译实践微观方法论的桥梁，亦是贯彻翻译理论宏观方法论的手段。它既适用于翻译理论的宏观方法论，也适用于翻译实践的微观方法论，体现出生态翻译学方法论"一分为三"的辩证思维模式。

其三，翻译实践的微观方法论是"文本移植"。探索与研究"四译说"的目的不是为了理论而理论，而是为翻译实践服务，实施于微观方法论，强调翻译实践过程中翻译策略、方法或技巧的运用。"四译说"中"如何译"所蕴含的微观方法论则是指生态翻译过程中的文本移植，即将源语文本"原汁原味"地移植到译语文本之中，使包括语言生态、文化生态、交际生态等在内的源语与译语的生态保持平衡一致。也就是说，当从翻译文本中"移植"一个翻译主体时，就会产生一个原文的"空位"，文本就会做出一系列的适应反应，产生一个新的译文主体来"填空"，促使翻译生态的平衡和谐。新的译文主体会占据被移植原文主体的相同生态位，并提供大部分失去了的相互作用，由此生成原文与译文之间生态位的一致性与和谐性。作为微观方法论的文本移植是关联着翻译生态环境的，是一个基于适应／选择（中观方法论）之上而指向翻译生态的概念范畴。从这个意义上来说，它既能在翻译实践过程中体现以适应选择为取向的中观方法论理念，又通过翻译实践提升中观方法论的抽象性，升华为以生态范式为取向的宏观方法论；同样地，作为宏观方法论的翻译理论或中观方法论的翻译模式，不是僵化的、机械的概念或原理，而是必须受到作为微观方法论的翻译实践的反馈，并予以相应的调节，这样才能凸显生态翻译学方法论"一分为三"的辩证思维模式。

### （三）"四译说"的人本论意蕴

"谁在译"探讨的是"四译说"的人本论意蕴，它意在揭示译者是一种什么样的存在，并以什么样的态度和方式去面对自己的生存境遇问题。它可以展开为三个互联互动的人本论问题：译者生存如何、译者如何生存、译者生存为何。

其一，"谁在译"开启了"译者生存如何"问题的自觉澄明。"译者总是栖居于翻译生态环境，其出现是某个翻译生态环境的要求，并随着翻译生态环境的变化不断发展。这是译者安身立命的方式。"一方面，译者生存于翻译生态环境里，与文本生命和翻译群落生存不可分割地联系着，构成一个互联互动的整体，时刻受文本生命与翻译群落生存的本性及其运动规律的制约，其内在过程本质上表现为一个生态翻译的过程，需要与翻译生态、文本生命与译者生存进行整体性的互动与动态的适应，这就注定了译者不能脱离翻译生态环境而独立存在，又在互动的过程中适应生态环境的变化。因此，译者能将自身与翻译生态环境之间的关联上升到意识层面，进而主动地适应翻译生态环境。另一方面，"译者生存如何"既要揭示译者的生存境遇，又要追求译者的自由解放。译者生存绝不是依赖于翻译生态环境和受控于文本生命、翻译生态、翻译群落的存在物，译者能够以"适应／选择"作为其特有的生存方式对翻译生态环境进行有目的的改造、调节与重构，使之成为合规律性和合目的性相统一的"译者"家园。由此而来，"译者生存如何"就是内在地要求生态翻译回归译者本身，回归其生存现实状况本身，回归其生存之道本身。

其二，"谁在译"开启了"译者如何生存"问题的自觉诠释。"译者如何生存"所探讨的是译者在翻译生态境遇里和追求自由的过程中以怎样的方式生存。"四译说"的人本论意蕴在于：它不是以"译者中心"去操纵翻译，而是专注于通过译者的适应性选择与选择性适应活动来处理译者主导、译者责任与"事所追惩"机制之间的内在辩证关系。译者尽管是个体的人，但作为社会活动的参与者，他必须更多地体现社会存在的性质，必须受社会的制约。因此，译者在适应翻译生态环境中是受译者责任与"事后追惩"机制的制约的，这也表明"译者既是能动的、创造性的人，又是受动的、受限制的人"。

其三，"谁在译"开启了"译者生存为何"问题的自觉说明。探究"译者生存为何"，就是要探讨译者生存朝着怎样的方式展开其存在境遇，并朝着什么方向发展和开辟新的生存之境。译者历史性地存在于变动不安的时代语境中，并主体性地存在于过去与现在、文本与世界的视域融合中。翻译活动中文本意义的汲取远不是一种复制行为，而是一个永无止境的生态过程。因此，译者的生存境遇本身是一个动态地追求过去与现在、文本与世界的视域融合的适应过程，而译者发展就在于突破已有的生存境遇，并以"译者中心"的身份与地位不断地扩展与深化栖居于翻译群落生态的生存之境，从而在更高的生态翻译层面实现译者生存与文本生命、翻译生态的融合。

（四）"四译说"的目的论意蕴

翻译目的论的存在从来不是孤立的，它总是围绕着翻译行为的动因并在解答"为何译"的问题中产生不同的认识与理解。"为何译"是"四译说"思想的重要组成部分，它在生态翻译学创始之初就蕴含在翻译研究之中并占有独特的地位，从处于一种隐蔽的状态变成一种承载翻译行为的动因与翻译的原始目的的状态，并进入众多学者的视野；既成为生态翻译学目的论必然解决的重要议题，其内涵又指向"适者生存""强者长存"，特别是"译有所为"。按照"四译说"思想的展开，一切生态翻译都朝着"适者生存、强者长存于译有所为"的方向行进，并且正是在它们的引导与支配下，生态翻译才能真正获得和谐统一，这就是"为何译"问题所展开的原始动因。

其一，"四译说"目的论意蕴是动态适应性的而非静态构成性的。它与传统翻译目的论既有联系，又有本质上的不同：生态翻译学目的论将研究聚焦于翻译之"行为"（"译事中"的"译"）与翻译之"作为"（"译事后"的"为"），强调的是"译"与"为"的辩证统一性与动态适应性，用于引导翻译行为的动态建构与适应性调节；翻译目的论"基本上属于一种对翻译的外部研究，它将研究聚焦在翻译过程中各种目的的选择上"。因此，生态翻译学目的论不同于传统翻译目的论，不属于功利性质之列。在这里，"为何译"问题由"译"（to translate）转变成"为"（to do），或说由翻译之"行为"转变成翻译之"作为"。"翻译之为，是要看翻译的实际作为。"这样，"为何译"就是"译有所为"本身所蕴含的翻译之"为"的一种翻译目的追求，既是一种实实在在的翻译行为活动，又是译者翻译行为实施并领悟其原始目的的翻译之"作为"。因此，"译有所为"是具有"译"与"为"的双重内涵的，与译文"适者生存""强者长存"的目的因一样，它不是给定的，而是以未来为定向的、动态的、生成的翻译之"为"。按其目的因来看，"为何译"的具体性既表现为它在译文生成过程中以"适者生存"与"强者长存"来展开，又以翻译行为中的"译有所为"为内容而指向翻译之"译"与"为"的辩证关系。

其二,"四译说"的目的论意蕴是内在目的论与外在目的论的有机融合。内在目的论强调翻译行为的"适者生存"与"强者长存",外在目的论强调翻译行为的"译有所为"。"适者生存"与"强者长存"作为翻译的原始目的,是译文能够生存与发展的动因所在。一方面,"适者生存"与"强者长存"是针对"译事中"来说的,是译者适应翻译生态环境对文本进行移植的选择活动;另一方面,它又是针对"译事后"的,翻译的结果就是通过适应性选择与选择性适应,将一些不适应翻译生态环境的译文排除与淘汰,而适应翻译生态环境者得以生存,并以强者的姿态得以持续性地发展。因此,"为何译"对生态翻译学目的论的本性和根据的探究,决不能离开翻译的原始目的而自足开展,否则就会陷入传统翻译只关注翻译之"译"而忽视翻译之"为"的误区,成为遮蔽翻译之"为"的一种不完善的翻译活动。可以说,翻译及其原始目的之间的关联是内在的和本质性的。任何翻译都不可能是自足的、与翻译的原始目的无关涉的范畴体系,而是"为何译"的目的性翻译行为的显现。

## 二、"四译说"的基本主题:向"生"而行

"四译说"的基本主题究竟是什么,这一主题在不同的翻译转向中是如何发生形式上的变化,它在后现代性趋向的时代又是如何表现的?这是反思语言学转向与文化转向时需要我们思考的基本问题,也是对"四译说"基本主题的一种理性定位。质而言之,我们究竟应如何依据上文所论述的本体论意蕴、方法论意蕴、人本论意蕴与目的论意蕴来确定"四译说"的基本主题?"四译说"的多维意蕴揭示了生态翻译学对翻译本质的重新认识与理解,它是通过本体论、方法论、人本论与目的论层面上的翻译观点、翻译行为、翻译价值进行整体性揭示的,其中所关涉的适应/选择、文本移植、适者生存、译者生存、文本生命、生态平衡、译有所为等,都蕴含着一种以"生"为导向的翻译理念。胡庚申指出,翻译生态、文本生命和译者生存,都是以"生"字为线索展开研究和论证阐述的,表明"生"是生态翻译学发展的基石。从这个意义上来说,"生"是文本生命、译者生存与翻译生态共质下的"生",既可指文本生命的"生",也可指译者生存的"生",抑或指翻译生态的"生"。以"生"为问题域,动态性地推动着翻译学者将思想的触角伸向翻译的"生态、生命、生存"之处,并试图从那里寻求翻译的本质与属性,它不仅包含翻译的生成性,还包含翻译的成长性。从这个意义上来说,"生"就构成了文本生命、译者生存、翻译生态的共同"黏合剂"并使之和谐共生,因而也就自然地成为"四译说"的基本主题。简而言之,"四译说"的基本主题是"向'生'而行"的,而"生"的本质是文本生命、译者生存与翻译生态的共鸣与交融。

如果要从以往翻译研究领域中寻找翻译的基本主题的话,我们会看到当前对待翻译基本主题的认识上有两条不同的线索:一条是以"语言学转向"为线索,探讨的基本主题是"文本"(原文),强调的是文本的确定性与客观性,采用语言分析策略,贯彻原文中心,恪守对等性原则;另一条是以文化转向为线索,探讨的基本主题亦是"文本"(译文),坚持原文中心,在界定研究对象、规定学科性质、制定研究策略等方面时,都真正把翻译中要研究的"文本"置于广阔的文化语境之中。基于这两条线索,两大转向在讨论翻译问题时,"文本"是其思考

与探讨的核心本体,同时也讨论文本在翻译语境中的问题,但没有将文本生命、译者生存与翻译生态结合起来加以探讨,导致文本与译者、译境之间产生了相互割裂的状态,难以形成一个整体性的有效认知。这就遮蔽了翻译背后蕴藏着原文的"投胎转世"与译文的"生命延续",也相应地缺乏对翻译文本在新的翻译生态环境中是如何诞生、再生与生长问题的深刻认识。因此,翻译研究应该从静态的"文本"回到动态的"文本生命",回到以"生"为导向的文本生命、译者生存与翻译生态"三位一体"之中。只有当"四译说"对翻译进行整体性反思的时候,即将翻译作为文本生命的"生"、作为译者生存的"生"、作为翻译生态的"生"的具体内容来确定时,翻译的"生"的内涵才被确定。从"生"的角度来看,翻译是一种涌现于文本生命、译者生存与翻译生态之中的文本再生与生长。"生"成为翻译生存的根本方式之一,它意味着翻译研究的深度与广度得到了拓展与延伸。翻译只有以"生"为基本主题,文本只有以"生"为成长之道、"译者"只有以"生"为生存之道,翻译文本才能在新的翻译生态环境中"适者生存"并获得再生与生长。此时,"生"既是探讨"四译说"的基本主题,也是理解生态翻译学的重要路径。

翻译的哲学是生命的哲学,"生"是翻译哲学的根本,翻译研究特别是其哲学思考与审美观照应以"生"为核心展开。也就是说,翻译研究不应局限于传统翻译意义上的语言文化研究,而应深入翻译背后蕴藏的"生"的领域。"四译说"的深入探讨不仅体现了研究对象与研究视角的改变,更为重要的是,其研究方式不是像"语言学转向"与"文化转向"那样单纯从设定的"文本"出发,去界定和理解翻译的思维方式,而是从文本生命、译者生存与翻译生态的辩证统一性出发,以"生"为"四译说"的基本主题去理解与解决翻译问题。与传统翻译理论不同,"四译说"所获得的最为重要的洞见之一在于:翻译不再仅仅局限于"文本"的转换或分析,它是生成与发展于文本生命、译者生存与翻译生态的和谐共生之中,是以"文本移植"为翻译方法,并以文本生命、译者生存、翻译生态为研究对象进行深刻的整体性领悟,从而把翻译的"生"视为"四译说"的基本主题。于是,"生"既成为"四译说"的出发点与归宿,也成为翻译研究的出发点与归宿。在此意义上,确立"四译说"基本主题的参照系就不再是静态封闭的"文本",而应是具有生命活力的"生"。可以说,"生"就是用一种动态的、整体的、生态的观念来认识和解释翻译现象,就是强调在文本生命、译者生存与翻译生态的共质下对翻译过程进行动态性的说明和解释,就是强调翻译是一次翻译文本的"生命延续"过程。当基于"生"为思维方式去重新审视翻译现象与翻译过程时,我们就把翻译问题的讨论从过去只关注"文本"(原文与译文)之间的语言转换,转化为以"生"为导向从整体论思想去把握原文生态与译文生态之间的文本移植,从而突出了对"文本生命"在新的翻译生态环境中诞生、再生与生长的研究。从这个意义上说,"生"构成了"四译说"视域下我们思考翻译时须臾不可脱离的翻译理念,也构成了我们描写与解释翻译现象的基本主题。以此为基本主题,翻译的本体是"生",而翻译就是一个"生"的整体,原文与译文都只有浸润在"生"之中才能获得"投胎转世"与"生命延续"。于是,翻译的生态定位、生存立场、生命状态就立即获得了十分坚实的以"生"为导向的思维范式和明晰的以"生"

为导向的认知视域。可见,"四译说"的基本主题就是建构一种文本生命、译者生存与翻译生态共质下以"生"为导向的翻译理念,从而使翻译成为一种内在于"生"并提升翻译描写与解释的"思想力"。

"四译说"在生态翻译学中有着多维的意蕴与独特的价值,值得我们重视并深入挖掘其背后蕴含的翻译理念,以成为当前推进生态翻译学发展的重要生长点。"四译说"不是直接摒弃"文本",而是试图在其自身蕴含的本体论意蕴、方法论意蕴、人本论意蕴与目的论意蕴的基础上建构以"生"为导向的翻译理念,既有文本生命的"生",又有译者生存的"生"与翻译生态的"生",这就使其翻译理念从传统译论"文本"的研究深入文本生命、译者生存与翻译生态共质下"生"的研究。"生"成为生态翻译学视域下"四译说"中一个新生的研究增长点,而"四译说"则以生命、生存、生态、共生、再生等关乎文本生命的问题为研究对象,这既超越了传统翻译的"文本"理念,又代表着生态翻译学研究"向'生'而行"的深入推进;既是生态翻译学认识向纵深发展的产物,又是继续推进生态翻译学认识向前发展的动力。总而言之,"四译说"中"生"的翻译理念关乎生态翻译学理论体系的宏富思想,唯有以"生"为"四译说"的基本主题,才能真正揭示翻译的真实面目。

## 第三节 生态翻译学研究与发展中的理论自信

生态翻译学经过近二十年的稳步发展,已成为颇有影响的中国原创翻译学理论。纵观其产生、发展、壮大的历程,对所创理论的自信始终贯穿其中。生态翻译学发展中的理论自信主要体现在以博大精深的中国传统文化基因为坚实基础;以客观严谨的科学理论为必要前提;以与时俱进的理论品质为不竭动力;以理论自身的稳步发展为活力源泉。

生态翻译学是一种将生态学研究与翻译研究相结合的跨学科研究,或者说是一种生态学理论视野下的翻译理论。自 2001 年中国学者胡庚申发出自主创导生态翻译学的声音,生态翻译学开始起步,经过近年的风雨兼程,目前已呈方兴未艾、稳步发展之势。今天,生态翻译学已有自己的领军人物和学术团体,研究队伍日益壮大,学术成果丰硕,研究范式明确,话语体系初具规模,学术阵地稳定多样,后续研究空间强劲,国际影响力也渐成气候。生态翻译学持续稳定的发展,极大地提升了翻译界内外对该理论的信心。

回顾近年的发展历程,生态翻译学也曾遇到一些异议,也有学者对生态翻译学的理论构架包括理论模式、立论基础、观点形成、译者地位、研究手段等方面提出商榷意见。面对翻译理论和实践方面的质疑之声,生态翻译学研究者都本着认真倾听、虚怀若谷的态度公开回应,这其实在一定程度上体现出研究者的理论自信。可以说,对一项研究特别是有创新意义的理论研究,如果没有提问、质疑、挑战、讨论,如果没有对这些问题的回应、答辩、交流和反思,就很难有认识的升华,就会缺乏思想的动力,这样的研究也就没有了生命力。生态翻译学研究者充满自信地用自创的话语体系回应翻译学界的关切、质疑，通过坦诚的交流，把生态翻译学缘起的理念、发展的事实、成功的原因、未来的前景传递给学界内外。正是这样的良性交流和论辩互动，为生态翻译学的健康发展营造了良好的学术氛围，其核心概念及理论框架不断改进、调适和完善，因而得以迅速发展、影响日益扩大，并获得国内外学界越来越多的关注。

生态翻译学研究者不仅在面对异议质疑时表现出足够的自信和底气，而且以领军人物胡庚申教授为代表的学术团体在学术演讲、研究阐述、互动论辩时也表现出自信十足的激情。这种自信还充分体现在国际生态翻译学研究会上颇具号召力且信念坚定的口号"Be part of it; Be proud of it"（"我参与，我自豪"）。"志趣于生态翻译学研究者的自信在于，只要中华传统文明不断绝，只要中西文化交流不停止，生态翻译学就既不会拾人牙慧，也不会故步自封，而会持续发展下去。"

理论是实践的先导，思想是行动的指南。以习近平同志为核心的党中央高度重视理论的作用，特别强调增强理论自信和战略定力。所谓理论自信，是指对理论持有的执着信念和不放弃、不偏离的坚定精神，认定某种理论作为其始终不渝的思想遵循。可以说，生态翻译学取得的成绩，充分体现出领军人物和追随者孜孜矻矻的努力和对生态翻译学持之以恒的理论自信。构建中国特色哲学社会科学要体现"继承性和民族性""原创性和时代性"及"系统性和专业性"，以此出发分析生态翻译学的理论自信特征，对其他具有中国特色理论的发展也许具有一定的借鉴作用。

## 一、自信的基础：博大精深的中国传统文化基因

绵延几千年的中华文化，是中国特色人文社会科学成长发展的深厚基础，也是增强理论自信的坚实基础。尽管生态翻译学创建初期主要受益于西方生物进化论的启示，但是生态翻译学研究者始终提醒自己：既然生态翻译学由中国人率先提出，就不应生硬地将生物进化论中的"适应/选择论"等自然科学思想直接搬到中国的人文社会科学研究中，而必须从中国传统文化中寻找建立生态翻译学的理论基础。换言之，生态翻译学理论必须根植于中国传统文化，方能真正彰显其学术独立性。

"天人合一""中庸之道""以人为本""整体综合"等东方智慧，从生态翻译理念提出之初，便成为其重要理论支点和思想依归。

例如，生态翻译学将《周易》里的"生生之谓易"（《周易·系辞上》），依据"易即译"的古训，解读为"生生之谓译"，并视之为生态翻译的本质和真谛，就是一个很有说服力的例子。可以说，"生生之谓译"是生态翻译学贡献给世界翻译学的一种独特的价值体现。中西方生态文化环境有诸多差异，也正是中国古人所谓的"橘生淮南则为橘，生于淮北则为枳"（《晏子春秋·内篇杂下》），因此产生于各自生态环境中的翻译活动也必然有差异。翻译文本生态和文本移植的情形也大体如此，即把翻译视为文本从原语生态移植到译语生态。

又如译学话语体系建构的技术路线原本分为"宏—中—微"三层次，即生态范式下的宏观译学研究、中观译论研究与微观译本研究。宏观层面指的是语言服务、翻译管理、翻译职业、翻译培训、翻译本体的整体生态系统及翻译生态系统的协调与平衡；中观层面的翻译本体研究主要解决"翻译定义""翻译主体""翻译方式"与"翻译目的"的理论问题；微观层面重点在翻译文本研究，如"语言维、文化维和交际维"的转换，文内"掏空"与文外"补建"，以及翻译文本生态环境和赞助人对翻译文本形成的干涉，等等。

但从理论体系的中国特色角度考虑，生态翻译学越加加趋向于采用"道—理—法—术"的中国古典理论体系架构。中国传统的辩证哲学思想中，"道"既是指宇宙万事万物运行的自然规律，也是指话语背后的思想，"理"是道的表现形式，"法"就是遵循的法则、规则，"术"是以"道"为指导原则的微观的、局部的具体方法与技巧。简单地说，在"道—理—法—术"和生态翻译学理论体系的对应中，所谓"术"，即微观的翻译方法，如"翻译适应/选择论"；所谓"法"，即中观的译论体系，指生态翻译学相对完整的研究范式和方法；所谓"理"，即宏观的译学架构，尤指作为生态翻译学的哲学基础和理论依据的新生态主义与新生态主义翻译观；所谓"道"，可理解为生态文明内涵的平衡、和谐、进取、共生等核心理念所构成的生态文明"大翻译观"。这种"宏大生态视野"之"道"和真理的最高体现之"道"，是西方译论理念所不及的。

不仅天人合一、生生不息的东方生态智慧对生态翻译学的研究与发展功不可没，而且生态翻译学与始于东汉的佛经翻译、有着近两千年历史的中国传统译论也有着密切的继承关系，甚或可以说是集其大成。比如，生态翻译学与严复翻译思想中的"选择适应论"，特别是其中的"适应""选择"理念可谓一脉相承；中国自古以来翻译中的"适应"与"选择"，与生态翻译学的前期研究中"翻译即适应（adaptation）与选择（selection）"的基本理念亦无矛盾冲突，而是一脉相通。

生态翻译学善于从中国古代话语体系中吸收借鉴、赋予新义、为我所用，联系翻译实际，不断概括出东西方融通的，具有中国特色和中国风格的及中国文化和学术思想主体性和原创性的新概念、新范畴、新表述。可以说，所有这些都基于对中国五千年传统文化精髓的由衷自信，否则面对西方学者的疑惑，生态翻译学的中国文化基因将难以存活。

## 二、自信的前提：科学理论的客观严谨

理论自信是基于对真理的把握，由科学的理论所催生。同样，翻译研究道路的转向，也应当是科学认知在翻译研究领域中的必然反映。

生态学是研究有机体与环境之间相互关系的科学。在全球生态学术思潮背景下，生态学成为相关学科研究的元学科，其原理正越来越多地用于人文社会科学研究。利用生态学原则、原理指导学术研究，已经成为学术发展的热点之一。一系列新兴的交叉学科应运而生，如生态经济学、生态教育学、生态政治学等。这些学科具有广泛而深刻的一致性，都突出将整体、动态、平衡、和谐的生态主义思想嵌入各自研究之中。生态翻译学正是翻译学与生态学相结合的跨学科研究。生态学为翻译学提供理论基础、话语体系与研究方法，是翻译学的供体学科。

生态翻译学的翻译"适应/选择"理论，是借用达尔文生物进化论原理的"适应/选择"学说，因此从建立之初就具有自然科学属性。生态翻译学经过转意和隐喻，把生态科学引入翻译研究。从生态翻译学的核心理念（如翻译就是译者适应与译者选择、翻译就是原文本向译语生态环境的移植、翻译就是维持翻译环境的生态平衡等）与生态翻译学自主创新的理论（如翻译活动的适应/选择论、生生为译论、文本移植论、汰弱留强论、译者地位论、三维转换论、本人境论、多维整合论、宏中微观论、道理法术论、新生态主义论、生态翻译研究等）来看，生态翻译学具有浓厚的生态科学色彩。当然，由于生态学归属于自然科学研究，而翻译学属于人文科学研究，因此，如何消融二者之间的差异、跨越二者之间的界限，使二者能科学地嫁接、有机地融合且能符合翻译的实际，并做到严谨周密、无懈可击，是生态翻译学研究的重要内容。

生态学所强调的"系统性、综合性和整体性"也是生态翻译学研究的基本原则。生态系统是一个复杂的系统，复杂思维科学对生态系统研究有指导意义。复杂思维科学认为，任何事物都是在某一特定的生态环境中的存在，都是在该环境系统自组织演化（self-organization evolution）过程中产生、形成并发展的。非线性的、动态的、复杂的相互作用普遍存在于不同层次的系统之间。生态翻译学也顺理成章地借用复杂性科学中的复杂思维、复合系统概念来理解翻译生态系统，以提升研究的科学性和客观性。

翻译生态与自然生态之间有着相似的规律可循。受复杂思维科学的启示，参照类比生态系统理论，生态翻译学界定了翻译生态系统，即由特定时间空间内与翻译相关的所有元素组成的具有一定层次和功能的翻译生态单位，且翻译生态系统内部各元素之间、翻译生态各系统之间互动互联、和谐平衡、选择适应、互利共生。

翻译研究正在跨越人文科学与自然科学的疆界，走向二者的沟通、融汇。翻译活动本来就是跨学科的，因此尤其需要打破学科的界线，真正回归翻译学研究和发展的"原貌"。

### 三、自信的动力：与时俱进的理论品质

只有聆听时代的声音，回应时代的呼唤，才能真正把握住历史脉络、找到发展规律，推动理论创新。生态翻译学不是封闭、保守、僵化的理论，而是与时俱进、不断发展的理论。生态翻译学的发生和发展，既是翻译学研究视野进一步拓展的需要，也是一种社会需要、文化需要和学术需要。生态翻译学在21世纪之初诞生，不是偶然的而是必然的；如果从全球化生态学术思潮和中国倡导建设"生态文明"时代的背景来看，更是顺理成章的。

第一，生态翻译学顺应学术的"生态潮"，其话语体系具有国际视野。从全球发展视角看，全球性的"生态""自然""绿色"大潮汹涌澎湃。半个多世纪以来的后工业文明时期，人类社会正逐步向更高层次的生态文明过渡，其精神思想表现为展示全球视野的生态思潮，深刻地影响着诸多学术领域的发展方向。生态翻译学与生态文明建设的关联互动，就是启发我们如何拓展生态翻译学的国际视野。回顾近二三十年来西方翻译学的发展与进步，在全球性的生态学术思潮影响下，生态与翻译关系的研究受到国际译界越来越多的关注，并逐步成

为翻译研究的热点之一，生态翻译学就是在这样的学术背景下孕育和成型的。

第二，在生态文明新时代的大背景下，以生态翻译为己任的翻译理论建设如果在生态文明建设和"绿色发展"中大有所为，则必然极大地提升人们对该理论的信心。因此，生态翻译学率先思考翻译活动如何促进生态文明建设与发展新的使命、途径、策略和方法，思考中国作为"翻译大国"如何借助生态翻译学研究，融入"新时期"、接纳"新任务"、展现"新作为"、有所"新贡献"，思考生态翻译学如何推动传播中国古今生态文明思想的当代价值和世界价值，如何提升翻译学科的社会存在性和应对人工智能时代数字生态社会的前瞻性，如何显示语言翻译学界的自然关怀、生态责任和绿色发展贡献。

在中国特色社会主义进入新时代的背景下，在将"坚持人与自然和谐共生"作为中国特色社会主义基本方略之一的指引下，生态翻译学还存在较大发展空间。进一步开展生态翻译的系统工程研究，对于翻译学的可持续发展和扭转中国翻译学在国际上处于弱势的局面来说具有重要意义。生态翻译学的研究发展，不仅有望构建新时期中国翻译研究的话语体系，而且有望为生态文明建设提供一种独具特色的、切实可行的途径和方式；不仅可为中国翻译理论话语赢得更多的国际话语权，而且也有望为中国学术话语"走出去"提供一种途径和样本。简而言之，生态翻译学不仅是面向翻译研究的，同时也是面向生态文明建设的。

第三，人类社会正在步入大数据时代。大数据产生于生态个体构成的生态网中，"生态个体—数据洪流（deluge）—计算机—生态个体"编织了一张新的关系网，也构建了一种新的生态模式。可以说，大数据揭示的生态关系就是"人—数据—计算机"大系统的整体生态展现。那么，大数据思维的整体性、多样性、相关性对翻译研究有什么启示呢？在大数据时代出现之前的生态翻译学是否已在相应的理论体系中有所研究，从而体现出高度的前瞻性呢？

大数据时代研究者面对的不再是随机抽样，而是一切数据，这一切数据的集合其实就构成了研究对象的整体。而生态翻译学就是从生态视角对翻译进行综观审视的整体研究，其依赖的理论基础首先就是生态整体主义，生态翻译学的理论观点首先就是注重翻译元素的整体性关联互动。生态翻译学一再强调将生态学整体观作为其方法论，对翻译现象进行整体性研究。其次，大数据时代追求数据的混杂性而非精确性，这种混杂性可以看作是复杂性科学中所谓的多样性体现。而生态翻译学的生态理性特征之一即是倡导多样统一、多元共生原则，倡导翻译理论研究的多元化和不同译本的共生共存，认为这是翻译学发展的一种常态。再次，大数据时代追求的不再是事物之间的因果关系，而是事物之间的相关关系（correlation），这种相关关系也正契合了复杂性思维中的事物之间的关联性特征、非线性特征。如果联系翻译生态环境组成元素之间广泛存在的、互联互动的整体生存与存在关系，我们会发现，传统翻译研究视角呈现的是基于简单还原论的线性因果关系范式。而如前所述，生态翻译学是一种整体论视角下的动态复杂的多向因果范式，亦即体现的是相关关系范式。从翻译生态到文本生命，从译者生存到译者责任，都蕴含着一种不断变化中的互联互动与和谐共存，这种和谐共存使翻译研究从传统译学的窄式内容转向具有宏大生态视野的宽式内容（面向生态文明"大翻译观"），构成一种方法论意义上的多向因果范式。由此不难看出，大数据技术所反映的特点与生态翻译学的核心理念几乎是一致的。

此外，在大数据时代，译文作为产品可以数据方式存在于虚拟空间，数据告知原文生命的产生、展示译文生命的延续、彰显译者的风格、助力译文的跨国传播、影响译文的受众群体、追溯译文的传播效果等，所有这一切都可以生成没有固定模式的、范围无所不包的、数量不断演变的庞大翻译数据库，这为生态翻译学解读"生生之谓译"提供了强大的技术基础。

可以说，生态翻译学与大数据技术在诸多方面都是相通的。因此，构建于大数据时代到来之前的生态翻译学，展现出鲜明的前瞻性特征以及学科前沿优势，必将成为翻译研究的领军学科，并有着值得期待的发展前景。

### 四、自信的活力：理论自身的稳步发展

理论只有不断创新，才能充满活力并增强自信。2001年生态翻译学开始起步，2010年创建"国际生态翻译学研究会"，2011年创办《生态翻译学学刊》，至2018年已举办6届国际生态翻译学研讨会、2届生态翻译学博士论坛以及许多国内外翻译学术研讨会的生态翻译学专场，并先后在重庆、南京、郑州、上海、广州、武汉、杭州7个城市成立生态翻译学研究会专业委员会、研究院/所和研究中心。据国际生态翻译学研究会统计，截至2018年，关于生态翻译学研究的各类论文已有2000多篇、硕博学位论文600余篇、各类国家和省部级课题70多项。

21世纪初以来，国际生态学研究会逐步聚集了一批有志于生态翻译学研究的同人，其中既有倡导该研究的领军人物，又有年富力强、成果显著的学术骨干。生态翻译形成了一整套比较系统的学术理论观点、研究模式和话语体系。国外的翻译学者对生态翻译学的关注也不断增多。如在一系列国际生态翻译学研讨会中，外国学者提出不少独到的见解，对起源于中国的生态翻译范式已有一定程度的积极共识，认为生态翻译学是一个有很大研究空间和学习潜力的新兴范式。

目前，生态翻译学理论话语体系已基本形成，在国际翻译界也已产生持续影响。生态翻译学致力于"打造易于为国际译学界所理解和接受的新概念、新范畴和新表述，在国际译学舞台上推出真正的'中国声音'"。对此，翻译界德高望重的学者方梦之先生给予中肯评价："我国新世纪以来出版的翻译理论专著数以百计"，但"除了胡庚申的生态翻译学在个别国际学刊上略见笔墨之外，我国五花八门的翻译学在国际上难见影踪"。此外，生态翻译学研究会在丹麦哥本哈根和澳大利亚墨尔本成立了两个生态翻译学研究中心，且任命了南亚、北美、北非分会执行会长。生态翻译学的研究队伍已从中国本土扩散至西欧、北美、南亚、北非、中东等地，未来还将继续向全球其他国家和地区延伸。

近20年来，生态翻译学也在质疑和反思中不断地自我革新和自我完善。例如，生态翻译学的立论基础经过优化提炼出以"新生态主义"作为生态翻译学总体的指导思想和行动纲领；对翻译本质或真谛的认识，从关注文本"生命"、译者"生存"和翻译"生态"的"三生"主题，到将"生生之谓译"作为生态翻译的原始内涵，奠定生态翻译学的本质与基调。其他方面的

完善还有：内容取向从侧重隐喻（虚指）到"虚指"与"实指"兼顾，研究重点从侧重"译事中"到"译事中"与"译事后"并举，翻译环境从"语境"到"译境"，体系构架从"宏—中—微"三层次到"道—理—法—术"四层次，传播方式从文字描述到模型创建，发展模式从生态翻译学本体到"生态翻译学＋"的跨学科研究共同体。更值得一提的是，其最新的发展目标还包括两个：一是生态翻译文献数据库的建设与应用，为生态翻译学研究提供学术资源和技术支撑；二是完成联合国"五常"语种的中国生态文明思想文库建设，提供面向国际的资源共享平台。

处于转型时期的中国人文学界已经不是一味引进西方理论，而是试图改变中国人文社会科学的现状，努力使中国从一个"理论消费大国"转变为"理论生产大国"。可以说，生态翻译学已逐渐进入相对成熟的阶段，它不仅成为翻译研究的一个非常有价值的源泉，而且作为一种生态范式在翻译研究中的地位和作用逐渐凸显。这是包括翻译学在内的中国哲学社会科学的重要使命，为完成这一使命而开展的翻译研究和实践也构成当前译学理论最强劲的创新动力。我们的理论研究应尽快从建立学科向承担学科社会责任的观念转型，致力于为建构"哲学社会科学中的中国"服务。

2016年生态翻译学创立15周年之际，生态翻译学的创导者胡庚申先生在接受访谈时曾明确提出，生态翻译学循序渐进的发展理路是立"论"—倡"学"—升"化"—领"潮"；其初步的中长期规划是5年"立论"（过去式）—10年"倡学"（过去式）—20年"升化"（进行式）—30年"领潮"（将来式）。可以说，这将是翻译研究领域里的一项"世纪工程"，任重而道远。

80年前鲁迅先生曾感叹中国人自信力的缺失，发出"中国人失掉自信力了吗？"的呐喊。今天，我们应该变"仰视"为"平视"，敢于与世界进行平等的对话，致力于证明我们理论的独立性。

习近平总书记在哲学社会科学工作座谈会上号召："一切有理想、有抱负的哲学社会科学工作者都应该立时代之潮头、通古今之变化、有思想之先声，积极为党和人民述学立论、建言献策，担负起历史赋予的光荣使命。"这为包括翻译研究者在内的广大中国哲学社会科学工作者坚定理论自信、担当历史责任增添了力量，为中国文化"走出去"战略和21世纪中国生态文明建设做出应有贡献指明了方向。生态翻译学作为中国自主创新的、富有活力的一个理论话语体系，目前正一步一个脚印地向国际拓展。

生态翻译学在21世纪之初应运而生，在接纳和应用之中进步，在自信和反思之中发展。综观生态翻译学的发生与发展，可谓受益于"顺天时"（适逢人类进入生态文明新时代）、"占地利"（脱胎于东方传统的"天人合一"生态智慧）、"得人和"（依托众多国内外志同道合者的鼎力相助和积极参与）。这一切都源于生态翻译学研究者一以贯之的理论自信。正是因为这种自信，才造就了生态翻译学近二十年来在国内的蓬勃发展态势，以及在全球翻译研究领域的引领态势。

## 第四节 生态翻译学和模因论的对比及衍生

生态翻译学和模因论是跨学科基于达尔文生物进化论理论的社会科学，两者有共同的理论基础，都从适应和选择的视角解读翻译过程，认为译者在跨文化传播即翻译中起着"主导"作用。两者也有不同点，生态翻译学只借用和转意进化论中关于生物对环境适应和选择的理论和思想，与物种进化和变异等关系不大，模因论却同时借用进化的概念。生态翻译学和模因论的融合可以丰富生态翻译学中的"生态"内涵，为其衍生研究提供新的思路。

2001年胡庚申首次在《翻译适应选择论初探》中谈及生态翻译学理论，提出了原文、译文和译语构成翻译的言语、文化和社会要素，进而阐述了它们和作者、译者和读者的关系。其对翻译的进程、原则、方式的新解释，奠定了生态翻译学的发展基础。2006年在"翻译全球化"国际会议上胡庚申宣读"生态翻译学诠释"，明确提出"生态翻译学"的概念。在2010年首届生态翻译学研讨会上，胡庚申提出生态翻译学建立的三个前提："关联序链"、类似与同构和翻译适应选择论。三个前提分别体现了人类的认知路径、翻译生态与自然生态、译者适应翻译生态并对文本进行选择的三方面内容。至此，生态翻译学的理论框架成型。另一个类似的从自然科学过渡到社会科学的理论是模因论。模因一词由英国动物学家Dawkins提出，他在《自私的基因》中把模因诠释为"文化传递单位或模仿单位"。通过模仿的形式，模因在不同人脑间传递。虽然不同于基因，但模因的进化遵循着基因进化的规律并强于基因。之后，心理学家Blackmore发展了Dawkins的理论，在《模因机制》一书中阐述了模因是人类语言和大脑发展的动力，确立了模因理论的理论框架。最初把模因概念引入翻译研究的是Andrew Chesterman，他在《翻译模因》中系统地说明了模因和模因的演化，集中论述了翻译模因和它的特定应用。生态翻译学和模因论都是跨学科基于达尔文生物进化论理论的社会科学，二者既有契合点，又有异质点。

### 一、生态翻译学和模因论的共质

"物竞天择，适者生存"是生态翻译学和模因论共同的理论基础。翻译过程是一种选择活动，翻译者有意识地和无意识地受到生态环境因素翻译的影响。这样的选择在翻译行为的方方面面都得到了反映，同时也体现在翻译的整个过程和层次中，这种选择的机制和动机，正是"物竞天择，适者生存"。生态翻译学利用作为人类行为的翻译活动与自然法则适用的通融性和关联性，探究翻译活动中译者适应与译者选择的基本特征、基本规律、相互关系和相关机理。模因论认为生命和文化的衍生和进化是因为生命的和文化两种复制单位。和自然界的生物进化一样，在传播过程中，模因与模因要展开激烈的竞争，胜出后的强势基因才能延续传播。

"适应和选择"是生态翻译学和模因论的第二个共质。生态翻译学从译者的"适应"和"选择"的视角解读翻译过程，将翻译定义为"以译者为主导、以文本为依托、以跨文化信息转化为宗旨，翻译是译者适应翻译生态环境而对文本进行移植的选择活动"。这一活动不断循环交替，最终达到"汰弱留强"的效果。Dawkins 认为模因是一个复制因子，模因不仅通过模仿进行代代相传的纵向传播，而且进行人与人之间的横向传播。任何携带模因的介质都被称为模因，携带模因的人叫作宿主，传播的过程叫作复制。和基因一样，所有模因都拥有三个特征：变异、选择和保留。模因传递时的复制过程并不是完美的，一些有吸引力的、适应环境的强势模因被宿主忠实地记住并继续得到传播，而一些弱势模因就此止步。在翻译过程中，哪些弱势模因消失了，哪些强势模因能长期留存并发展而生存下来，决定上述结果的是"适应和选择"。

"译者主导"是生态翻译学和模因论的第三个共质，从翻译层次的角度看，"译者中心"的取向是"翻译过程""翻译操作"。在这样的前提下，重要的是翻译活动本身，只要论及的是通过译者行为产生译本的问题，译者在这一过程中一定是"中心"，就一定起着"主导"作用。归根到底，译者是翻译过程中所有"冲突"的总和。模因论认为宿主，即译者的成长环境、教育程度、兴趣爱好及关注点都不一样，随着模因的传播，这些因素会影响模因的复制和嬗变。作为感染者、编码者、解码者和传播者，译者在跨文化传播即翻译中起着"主导"作用。

## 二、生态翻译学和模因论的异质

生物变异、选择适应和物种进化是达尔文的进化论的主要思想，三者缺一不可。翻译适应选择论知识借用和转移了该理论中"关于生物对环境适应和选择的原理和思想"，对"翻译过程中如何适应选择生态环境和译者如何进行选择性适应与适应性选择"等问题进行研究，因此仅与"选择""适应""生存""淘汰"等观念密切相关，而"与特定的物种进化和生物变异等关系不大"。生态翻译学强调译者在翻译中的主导作用，库珀和翁显良翻译的李白五律《哭宣城善酿纪叟》译文对比就是典型的佐证。

纪叟黄泉里，还应酿老春。夜台无李白，沽酒与何人。

Vintner below by Fountains Yellow, "Spring in Old Age", still do that vintage?
Without Li Po there on Night's Plateau, which people stop now at your wineshop?

——库珀

Down there, master brewer, you'd still be practicing your art. But how you'd miss me, old friend! For where in the realm of eternal night could you find such a connoisseur?

——翁显良

库珀显然没有真正领会中国的文化，更没有理解中国诗与酒的密切关系，直译了"黄泉""老春""李白""夜台"，对读者来说，这样的翻译令人费解，欣赏就更无从谈起。针对这几个词，翁显良用了"there""practicing your art""me""the realm of eternal night"等代替，其中没有直译"黄泉""夜台"。李白诗的重点是赞美纪叟的精湛技艺，酒的名字并不重要。原诗最后一句有点睛之妙，李白不是怕他的美酒卖不出去，也不是要知道买者是谁，而是表达痛失知音之情。翁显良的译文初看没有实现词义对等，但细细品味，实则更加准确地表现了作者的意思。库珀和翁显良译文的区别是生态翻译学中译者主导作用的体现。

和生态翻译学不同，模因论借用进化的概念。模因在生命周期里不是简单地重复，通过感染、解码、编码和传播，宿主在此过程中会舍弃相互排斥和不相干的基因，保留认同的基因并纳入自己的认知体系，这个过程就是模因的进化过程。进化后的模因和原来的有很大的区别。在某种程度上说，变异和选择是模因生存和发展的关键，它们能促使新模因继承优点，有着自己的特质，模因的生命周期是动态的、螺旋式向前发展的。

### 三、生态翻译学的衍生

胡庚申认为，尽管我们接受生态学理念并采用生态学原理开展研究，但研究的主题是翻译学的问题，而不是研究生态学问题；也不是将翻译学与生态学进行"等量齐观"，或者"平分秋色"的研究。同时，生态翻译学借助翻译生态与自然生态系统特征的同构隐喻和概念类比，即重在"喻指"，并致力于解释出其隐喻类比在翻译学研究上的意义。虽然是"喻指"，不需和自然生态系统一一对应，但在一个良好的翻译生态系统的内部结构及其相互关系中，无不融入自然生态系统中的生态学法则。随着理论的发展，生态翻译学仅借鉴生物进化论中的"适应和选择"，缺少重要的"进化"理论，势必会影响生态翻译学的系统性，有违生态的本质意义。鉴于翻译生态系统和自然生态系统有如此多的共性，在生态翻译中有关的进化问题必然会成为今后的一个研究方向。生态翻译学和模因论的跨科融合，可以从进化方面衍生生态翻译学的研究范畴，对构建宏观的、系统的、多元的生态翻译学有着重要的作用。在生态翻译学中，翻译过程是译者对以原文为典型要件的翻译生态环境的"适应"和以译者为典型要件的翻译生态环境对译文的"选择"，此翻译过程中的翻译行为是以译者为"中心"主导的。结合模因论的观点，译者接受源语的模因，就成为新宿主，并对源语进行解码和传播，形成译文的新模因。此间会涉及译者根据语言模因、文化模因和社会模因对译文的优化，从横向上看，译文的形成过程是一个进化的过程。纵向上看，随着时代的发展，翻译群落里读者、评论者、审查者、出版者、营销者和译者的教育背景、兴趣爱好、审美标准都有所不同，虽然源语模因相同，但较以前的翻译，肯定是一个发展的过程，形成的译本模因肯定有所差异。

生态翻译学和模因论的融合为生态翻译学的衍生和后续发展提供了新的思路，它们之间的交叉研究丰富了生态翻译学中的"生态"内涵。

## 第五节　生态翻译学对口译环境的影响

随着社会和生活的发展，对外交流不断增多，翻译事业是我国对外改革开放的必然要求，口译员应该适应当下生态环境，进一步强化口译的准确性。生态翻译学作为一个跨学科性的途径，从生态的视角阐述了翻译另一面的理论。口译作为一种最灵活和最实用的翻译类型，生态翻译学可以运用到其中。本节以生态翻译学理论为框架展开口译研究，对口译过程做出新的描述和解释。

自20世纪60年代以来，人类社会逐步开始从工业文明走向生态文明。环境保护越来越让人们关注，我国对生态文明建设愈加重视。党的十六大提出了科学发展观这一重大战略。自此，"生态"一词便引起了各研究领域的重视，生态翻译学也是其产物。生态翻译学认为"翻译是以译者为主导、以文本为依托、以跨文化信息转换为宗旨的译者适应与译者选择行为"。这种翻译的新视角完全可以运用在口译中。口译是人与人之间的桥梁和纽带，口译是一种需要长时间的知识储备和灵活运用的翻译，是考验译员应变能力和表达能力的非常专业的学科或工作，这类型翻译更应结合生态翻译学的理论，在文化、语言、社会发展背景等方面充分理解说话人此时的真正含义，让听话人在译员口译后近乎完美地理解说话人的心态。生态翻译学能让译语更加契合严复"信""达""雅"中的"信"。会议口译进一步改善翻译中出现的因文化不同、地域不同等因素造成的不忠实等状态。口译人才细分为会议口译、法庭口译、商务口译、工程现场口译等，在现今世界经济全球化背景下，随着生态文明建设和科学发展可持续地大规模普及，口译随之改变和精进。没有扎实的基本功和灵活的应变能力做不了这份工作，有的口译员会因为一句话翻译得不够完善而影响工作，社会对口译的要求是十分严格的，随口一句不"忠实"的翻译可能会影响国与国之间的翻译。怎样更好地解决口译中的问题，可以结合当下生态翻译学中的关联序链，"三维"（语言维、交际维、文化维）转换、适应与选择等研究理论也适用于口译学习。接下来就以生态翻译学的视角研究口译的方法。

## 一、生态翻译学对口译的启发和影响

"生态环境"这一词是我国现在使用频率较高的术语之一，同时存在很大的争议。以人为主体，生态环境指对人类生存和发展有影响的自然因素。生态翻译学是一门新兴科学，翻译的过程是译者对生态环境的适应与选择的过程。生态翻译学包括所有译员在翻译时需要注意的相关事项，如文化、社会、说话人与听话人之间的不同等。西南大学孟凡君博士在报告中介绍了生态翻译学的理论体系构成，指出生态翻译学的中国特色、中国风格和中国气派。就是说生态翻译学亦在说明翻译要注重自身文化内涵，向听话者传达出具有中国特色的译文。生态翻译学是翻译的一种新的视角，利用多文化和生态背景充分展现口译员熟练的翻译技巧，在口译员熟练掌握生态翻译任何相关事项时，将文化底蕴、社会习俗等一切事宜牢记于心，并且口译员要求具有良好的双语表达能力。生态学强调的是和谐、平衡、共生，这要求口译员将翻译与生态学联系在一起，一定要将翻译过程中的各种因素相互联系且重视起来，拓宽人们对语言、文化和译者的交互关系进行分析研究的范围。口译员没有查阅资料和反复推敲的时间，要求口译员在翻译过程中有较强的反应能力。在生态翻译学中对翻译生态环境的研究对口译研究也是有启示的，它是有一定特点的，融合生态学和翻译学两方面研究内容。且在翻译过程中要求译员有一定的知识基础和能力展示，口译员深刻了解生态翻译学的概念及内涵，从翻译过程中了解说话人的意思和说话的要领，进而达到翻译的目的。因此，虽然生态翻译学最初借鉴了达尔文的进化论，但是我们一直清楚必须将生态翻译学的理论与中国本土化文论结合起来，才能真正彰显其学术创新独立性。

## 二、口译的生态环境

由于口译本身具有瞬时性，对口译的研究少于笔译，社会发展需要更多的双语交流，尤其是跨文化跨交际的口译交流，对口译的研究提出了更高的要求。从表面上看，口译的过程就是从源语向目的语的瞬时转换过程，使一些人对口译思维过程的理解存在误区。口译并非简单的双语间的转换，而是包含多重思维的复杂过程，包括听辨理解、短期记忆、口译转换、口译表达四个步骤，其中听辨理解和口译表达是口译中的重点，是能发挥生态翻译的两个关键步骤。口译是一种特殊的翻译形式。口译是在现场即时完成的，需要口译员有灵活的应变能力和敏锐的洞察力，作为听话人和说话人中间的媒介与桥梁，既受双方的影响，又通过自己的翻译为双方搭建桥梁。通常听话人与说话人的沟通效果都是由口译员决定的。对口译员影响最大的外在因素即说话人与听话人的风俗文化习惯、宗教信仰等。内在因素指口译员的知识储备及对双语的理解能力、语言表达能力、瞬时记忆力、概括总结能力等。因此，口译对环境具有很强的依赖性，现场各种因素都会影响口译效果。在口译生态环境中，说话人及听话人是在场可见的，但文化、风俗等因素是看不见的。在翻译过程中，口译员不能像笔译员那样随时查阅资料，这就使得口译员的工作更艰巨。以上我们提及的这些在场的、不在场的口译生态环境都会影响口译员的发挥。口译的生态环境可分为自然环境、社会环境、文化环境、内在环境等。它们对口译的产生、存在和发展起制约和调控作用。生态翻译学的发生和发展既有全球因素，又有国内因素；既有外界因素，又有内部因素；既有客观因素，又有人为因素；生态翻译学应运而生，既有偶然性，又有必然性。

## 三、生态翻译学与口译相结合

口译过程具有"即时性"。也就是说，口译的说话人与听话人之间的语言转换过程是瞬间完成的。这种即时性往往给口译员带来很大的压力。转换过程中思考时间短，很容易逐字翻译而很难意译。与汉语语法结构相同的句子，我们可以选择直译，可以快捷迅速地完成任务。例如，"有朋自远方来，不亦说乎？"逐字口译定让听话人一头雾水，这时便可结合生态翻译学中的一些基本理念。生态翻译学对环境的基本解释是翻译生态环境更明确地指原文、源语和译语构成的世界，即语言、交际、文化、社会及听话人、说话人等整体。根据自身文化素养我们都理解"有朋自远方来，不亦说乎？"的含义，即可译为"We are delighted to receive overseas friends."这样可以充分运用文化环境对口译的协调，让听话人简单理解说话人的含义，做到"忠实"，我们应该为翻译人员提供良好的内外环境保障，充分培养口译员的创新能力和积极性。

首先，尽量为口译员创造良好的外部环境，即文化、社会等不在场的因素，在口译员培训或教学中，便于中西方文化细致地学习和对比，在社会中应加强对口译的重视。现在大学虽然有翻译专业，但学习内容不够具体，理论研究多、实践机会少等，一些翻译毕业生应变能力差，不能独立完成社会上的简单口译工作。未来的口译员需求量一定是只多不少，所以我们更应重视。其次，生态翻译学的中心思想是"适应与选择"，核心是以译者为中心。口译策略的选择和目的语的转换都会受口译环境的影响，针对这一点我们应训练口译员的心理素质及应变能力，对各种情景进行预知性的联系，强化口译员的能力，让口译与生态翻译学相结合，从而准确、迅速地完成口译工作以前的翻译理论，强调对原文的"信"即以说话人为中心，或以让听话人听懂为重点，以听话人为中心。胡庚申的生态理论告诉我们可以以译者为中心，从生物圈出发，系统分析各种生态环境与翻译的相互关系，让口译进一步发展。宋志平教授则提出，借助生态整体论审视翻译活动，发现许多以前被忽视或没能发现的问题，这对提高对翻译现象的解释力更重要。它不是给译者提供一个翻译指导原则，而是运用一种全面的、综合的、联系的思维方式更加贴近翻译的本质。

在生态翻译学中，译者扮演着十分重要的角色，将生态翻译融会贯通。而且，生态翻译学的研究范式为口译研究提供了新的视角和途径。分析生态翻译学视域下的口译本质，围绕口译的语言维、文化维和交际维的三维选择与转换进行探讨，分析口译者如何发挥译者主体性，进行适应性选择，实现最佳整合度。当今经济全球化趋势对口译员的水平要求日趋提高，因此要熟练掌握生态翻译学各项知识要点，充分展现作为一个口译员的文学素养。

# 第四章　生态翻译学视角下的翻译思想诠释

## 第一节　林语堂翻译思想的生态翻译学评释

林语堂是20世纪中国集翻译理论与实践于一身的翻译家之一，他的翻译思想具有明显的独创与超前意识，为我国译学研究提供了许多值得挖掘的话题。从生态翻译学的视角出发，以林语堂英译《浮生六记》为例，对林语堂先生的翻译思想进行解读，指出林语堂的翻译思想与实践都体现了翻译适应选择论中"和谐统一""译者中心""选择/适应"及"译有所为"的理念。

"两脚踏中西文化，一心评宇宙文章"的林语堂是一位学贯中西，蜚声海内外的学者，是20世纪中国文坛上作译并举的作家之一。作为作家，他以"极其美妙，令以英文为母语的人既羡慕钦佩又深感惭愧"的娴熟的英语创作了四十多部英文著作；作为翻译家，他翻译和编译了大量作品，如《中国和印度的智慧》《老子的智慧》《孔子的智慧》《浮生六记》及《杜十娘》等，通过汉英译介向西方读者介绍中国传统文化，对中西文化的交流做出了杰出的贡献。基于自己的翻译经验、思考和研究，林语堂在1933年发表了《论翻译》一文，系统地介绍了他独到的翻译观，从多个角度阐释了他对翻译的认识和态度，他的翻译思想具有明显的独创价值和超前意识，为翻译研究提供了许多值得挖掘的话题。近年来，在翻译研究文化转向的背景下，学者逐渐开始关注作为翻译家的林语堂，研究其翻译作品，但是大部分成果都局限于翻译策略与方法及译本的赏析与评价。鉴于此，本节以林语堂先生最见功力的译作《浮生六记》为切入点，运用生态翻译学的理论框架，从生态翻译视角对林语堂先生的翻译思想进行探讨和解读。

所谓生态翻译学，是指从翻译生态的角度出发运用生态理性翻译进行纵向的整体性研究。该理论从翻译生态系统的整体性出发，详尽阐述了翻译实质、翻译过程、翻译原则、翻译方法和翻译评价标准等翻译本体研究问题，并探讨了译者与翻译生态环境的相互关系，强调译者的主观能动性，提出了以译者为中心的翻译理念。认为翻译的实质是"译者适应翻译生态环境的选择活动"，翻译过程就是译者不断适应和选择的循环过程，而制约该循环过程的则是"适者生存""汰弱留强"机制。生态翻译学还提出了"整合适应选择度"的概念，指出翻译活动应该在语言维、文化维和交际维进行"多维度适应与适应性选择"，最佳翻译是"整合适应选择度"最高的翻译。本节拟结合翻译适应选择论及翻译生态学的核心理念，对林语堂先生的翻译思想及翻译实践作些探讨。

## 一、"忠实、通顺、美"——翻译生态的和谐统一

生态翻译学认为翻译是一个整体和谐的系统，认为和谐统一是在翻译各个环节都适用的理念。林语堂在《论翻译》一文中第一句话就说"谈翻译的人首先要觉悟的事件，就是翻译是一种艺术"，认为翻译艺术所依赖的有三条"第一是译者对于原文文字上及内容上透彻的了解；第二是译者有相当的国文程度，能写出清顺畅达的中文；第三是译事上的训练，译者对于翻译标准及手术的问题有正当的见解"。也就是说，翻译是在透彻了解源语的前提下，采用正确翻译方法用顺畅的语言译为目的语的过程，从这三条中我们也能看到技艺和科学的影子，反映出翻译是技艺、艺术和科学三者的有机统一。之后，林语堂先生谈了翻译标准问题。他这样写道：翻译的标准问题，大概包括三方面。我们可依三方面的次序讨论。第一是忠实标准，第二是通顺标准，第三是美的标准。我们必须记得这所包括的就是：第一，译者对原文方面的问题；第二，译者对中文方面的问题；第三，是翻译与艺术文的问题。以译者所负的责任言，第一是译者对原著者的责任，第二是译者对中国读者的责任，第三是译者对艺术的责任。三样的责任全备，然后可以谓具有真正译家的资格。

在"忠实"的问题上，他提议用"字译"和"句译"，他反对"字译"，认为"句译"才是正确的翻译方法和标准，忠实并非字字对译，译者对原文有字字了解而无字字译出之责任，这是忠实的第一层含义；第二层含义是指译文要忠实于原文之字神句气和言外之意，译者不仅要达意，而且要传神；此外，忠实的第三层含义即绝对的忠实是不可能的，因为凡文字有声音之美、有意义之美、有传神之美、有文气文体形式之美，译者或顾其义而忘其神，或得其神而忘其体，决不能把文义文神文气文体及声音之美完全同时译出。在通顺的问题上，他首先考虑到译语读者的因素，提出译者对读者的责任，认为译者应忠实于译语文化的阅读习惯，按照译语的"行文心理"，以句义为先、字义为后，先有总意义而后分裂为一句之各部，这体现出他翻译过程的总体观。在"美"的问题上，他认为"翻译于用之外，还有美的一方面须兼顾的，理想的翻译家应当将其工作做一种艺术"，翻译艺术文最重要的是以原文之风格与其内容并重。

总体来讲，林语堂先生的翻译思想体现了达意与传神、整体与局部、形式和内容的和谐统一以及各翻译主体间的和谐共处。这些都是翻译标准在翻译生态系统中和谐统一的体现，而且他对译者三种责任的论述，突出了译者的主体地位，这与生态翻译学"译者中心"的翻译理念也是一致的。

## 二、《浮生六记》的选择——翻译主体的"译者中心"

翻译适应选择论将翻译的实质定义为"译者适应翻译生态环境的选择活动"。这个定义表明了翻译活动中无论是"选择性适应"还是"适应性选择"都是由"译者"完成的，包括译者对"需要""能力"与"翻译生态环境"的适应与选择，翻译生态环境是多种因素的组合，包括译者所处的时代背景，政治、经济、文化环境，翻译动机和目的，个人的道德观、文学观、审美观、翻译观等诸多客观和主观因素，这些都会影响译者在文本选择上的倾向，而这种倾

向又能反映出译者的思想观念。换言之，在翻译生态环境制约选择译者的同时，译者也能选择适应翻译生态环境，从而主导自己的翻译活动。而林语堂英译《浮生六记》从文本的选择到翻译操作过程中具体策略的选择都是他对外部生态环境及自身心理需要的选择与适应的结果，体现了生态翻译学倡导的"译者为中心"的理念，即译者在翻译过程中处于中心地位并发挥主导作用。

《浮生六记》是清朝文学爱好者沈复所写的体裁较为广泛的自传性质的小说，作者以清新生动的文笔，描述了他的婚姻爱情生活、家庭变故及闲情异趣和山水游记。作者和他的妻子志趣投合，在简朴的生活中，虽然穷困潦倒，饱受生活的折磨，但"一意求享浮生半日闲的清福"，反映了受中华传统文化熏陶的中国知识分子历经人生磨难仍然热爱自然、追求真美的精神境界。该小说写作的特点在于"真纯率真"，处处表现出自然天性和本真心灵，即"性灵"之风。

林语堂先生选择《浮生六记》首先是出于对自我需要的适应与选择。在生活态度上林语堂追求自然闲适，崇尚本真，淡泊名利，追求自由与心理自适；在文艺观上，林语堂由于深受浪漫主义和自由主义精神的影响，推崇"独抒性灵，不拘格套"的性灵论主张，认为应该在寻常的事物中谈出天趣、物趣、世情、人情来。《浮生六记》反映出来的中国文人的知足常乐、恬淡自适的天性以及沈复夫妇不求功名利禄但求精神自由的处世态度与林语堂的生活哲学和文艺观正好契合，精神情感上的共鸣、生活方式和人生价值上的认同，使林语堂发愿将它译成英文。林语堂认为中国译论应植根于中国传统文化，对翻译主体双语能力，学识修养的要求之外，还强调翻译作品要与译者的个性气质相一致。林语堂根据自己的人生态度、性格气质和审美情趣，选择翻译这部作品，不仅找到了文学上的知音，更满足了他内心对那种淳朴自甘生活的向往，反映出林语堂在张扬无拘无束的生命状态的同时，努力抵制当时文学日益政治化的倾向，体现出他对译本的适应性选择及主体性。

林语堂选择这部作品翻译还反映出他对译语世界的适应与选择。他于1935年开始翻译《浮生六记》，当时的西方世界一方面政治经济发展异常迅速，文学作为反映政治和经济生活的手段也在发生着翻天覆地的变化，许多学者为了摆脱传统的束缚，探索新的表达方式，开始转向他们所熟悉的文化传统之外的东方世界去寻找出路。林语堂通过这部作品的译介向西方读者介绍中国传统文化、哲学思想以及天然质朴的"性灵文学"主张和闲适自由的生活态度，而这也正是当时经济高度发达的西方国家在精神上的一种期待和需求，与工业时代被异化的人们自然产生的回归人类本性的方向相一致。

### 三、翻译过程的适应与选择及译者的"译有所为"

翻译适应选择论将翻译方法概括为以"语言维""文化维""交际维"这三维为主的多维度转换，即译者要在这三个层面进行适应性选择和选择性适应，而制约适应与选择的机制是"汰弱留强"。在《浮生六记》的翻译过程中，林语堂先生一方面为了维护并向西方传递本民族语言文化，保留了中国文化的一些原汁原味，另一方面又考虑到了译语读者的阅读需要和文学鉴赏能力,因此并没有局限于某一种翻译策略,时而归化,时而异化,有时在处理同一个文化现象时归化异化并用,翻译方法也是兼有直译、意译、音译、注释、省略等,来传递原文的语言、文化及交际信息。但是这种灵活多变并非任意而为。这是林语堂基于自己精纯娴熟的英语水平的基础上,在考虑了译语读者的期待视野和审美能力的前提下,以传播中国道家哲学思想和闲淡自适的处事态度等传统文化为目的,在语言维、文化维和交际维等多个层面适应性选择的结果。而且林语堂自称"前后易稿不下十次"。由此可见,他在翻译期间总是反复琢磨,可谓倾心倾力、兢兢业业。这个译文的不断修改过程便是一次又一次的"去粗取精"的过程,从翻译生态学的角度来看,这就是一个"汰弱留强"的过程。

生态翻译学提出的"译有所为"有两层含义。一是指翻译出来的东西可以做事情,侧重于客观效果;二是指运用翻译可以做事情,侧重于主观效果。也就是说译者通过翻译这种创造性活动,可以自觉能动地做自己想做的事情,"译有所为"或为语言创新,或为交际沟通,或为文化渐进,或为社会变革,或为文明积淀,或为译学发展。

林语堂的翻译思想和翻译实践都体现出了这种译有所为。就其翻译思想而言,他提出的"通顺""忠实""美"的标准以及译者对原作者、读者和艺术的责任的论述,涉及了"可译"与"不可译"、归化与异化以及读者接受的问题,此外他还从心理学角度指出"其实翻译的问题,仍不外乎译者的心理及所译的文字的两样的关系,所以翻译问题可以说是语言文字及心理问题"。林语堂从语言学、心理学、接受美学的角度论述了翻译的标准和本质,把翻译研究从纯语言学研究提升到了文艺心理研究的高度,他提到的译者的三种责任从理论上强调了译者的主体地位,而且把读者反映纳入翻译理论研究,揭示了翻译主体除了译者和原作者,还应包括读者。林语堂的翻译思想在继承前人的基础上,有很大的突破和发展,拓宽了翻译理论研究的视角,更科学地揭示了翻译的本质,为我国译学研究的发展做出了杰出贡献。

此外,林语堂依托他对中西方文化的了解及他对中英两种语言炉火纯青的掌握,通过译介活动,向中国人介绍西方文化,向西方介绍中国文化,为促进中西方文化的沟通与融合架起了桥梁。林语堂选择翻译《浮生六记》旨在介绍异于西方的中国文化,从而在西方世界的读者心里建立一种中国的文化品格和文化精神。正是他这种"译有所为"才让我们更深层次地认识到他的翻译理论与实践的价值。而《浮生六记》英译本备受西方读者喜爱,它能够长期流传、经久不衰的事实本身也印证了生态翻译学"适者生存""适者长存"的法则。

本书一方面运用翻译生态学诠释了林语堂先生的翻译思想与实践,另一方面通过对林语堂先生翻译思想与实践的探讨,反观了生态翻译学的解释力。林语堂的翻译思想体现了翻译生态的"和谐统一"及各翻译主体的"和谐共处";《浮生六记》译本的选择反映了翻译主体的"译者中心";在具体翻译操作过程中归化异化策略的交替与并行反映了译者在"语言维""文化维""交际维"等多个层面上的适应性选择与选择性适应;林语堂为译论研究及中西文化融合的贡献反映了译者的"译有所为";英译《浮生六记》十多次的易稿及该译作的长期流传反映出翻译过程的"汰弱留强"及译本的"适者长存"。作者期望本书能为林语堂翻译思想及实践的研究有所启发。

# 第二节 杨宪益翻译思想的生态翻译学解读

生态翻译学作为一种从生态视角研究翻译的范式,已呈现出蓬勃发展之势。本研究从生态翻译学视角出发,阐释杨宪益译作中所体现出的生态翻译学思想。杨宪益的译作在宏观方面的翻译生态环境和微观方面的译文多维度适应选择两个方面都表现出生态翻译学中适应与选择的思想。

杨宪益是当代中国著名翻译家,也是比较文学家,翻译了许多广为人知的名篇。他是中外翻译界中少数能互译英汉两种语言的翻译家,其翻译的作品包括对西方经典文学名著的汉译及对大量中国文学名著的英译,许多作品被列入国外大学教材,获得了广泛的国际声誉。虽然杨宪益进行了大量的翻译实践,但人们很少研究他的翻译思想。本研究尝试以生态翻译学中的适应选择论为视角,并以其译作为例,分析其中所表现出的生态翻译学思想。

## 一、理论基础

生态翻译学是以生态整体主义、东方生态智慧和适应选择论为理论基础的跨学科研究。也可以理解为从生态学视角或者从生态学途径来研究翻译,在不断研究的过程中诞生了一系列的研究视角与焦点,如生态范式、生态理性、翻译生态环境、适应选择、三维转换、译者中心等。生态翻译学涉及翻译学和生态学,其核心内容是翻译适应选择论。译者需要对翻译生态环境进行适应与选择,翻译的生态环境既是制约译者适应与选择的因素集合,又是选择性适应和适应性选择的依据。翻译生态环境指的是原文、源语和译语所构成的世界,即由语言、文化、交际、社会等生态环境系统和作者、读者、委托者等生物群落系统所共同构成的。本研究以生态翻译学中的适应选择论为理论基础,从翻译的生态环境系统和生物群落系统两方面进行探讨。翻译过程中对生态环境系统的适应与选择表现为两方面:一是"适应"——译者对原始翻译生态环境的适应;二是"选择"——译者以翻译生态环境的"身份"对译文进行选择。因此,翻译就被界定为译者的选择与适应的交替往复的过程。翻译过程中对于译者群落的适应与选择体现在译文的多维度适应与选择,即译者在语言、文化、交际、语用和美学等多个维度进行适应与选择,好的译文就是因众多维度结合而产生的整合适应度最高的翻译。基于此,本研究从宏观方面的翻译生态环境和微观方面的译文多维度适应选择来解读其中所包含的生态翻译学思想。

## 二、生态环境的适应与选择

翻译的生态环境是有层次性的,包括"大环境"和"小环境"。"大环境"指的是不同国家的社会政治、自然经济、语言文化政策及环境等,"小环境"指的是以译者为代表的翻译群落的思维活动、教育背景,以及个人的兴趣爱好、翻译理念、实践方向及不同的审美观等。

在翻译活动进行之前，译者处于"大环境"下，所表现出的是个人的受动性，并没有发挥个人的主观能动性；在翻译活动进行的过程中，译者处于翻译的"主体地位"，即"译者中心"，此时译者在"小环境"下表现出其主观能动性。因此，在适应翻译生态环境的前提下，译者的翻译活动是在客观性与主观性统一基础上的适应与选择。

### （一）"大环境"

杨宪益曾经这样说过："我们就是被雇佣来的译者而已，翻译什么内容其实由不得我们做主，而选定的内容往往是适应当时的政治环境和一时的口味。"以"熊猫丛书"为例，该丛书于1981年由《中国文学》杂志社负责出版，虽然杨宪益时任杂志社主编，但是他们对文本的选择并没有很大的自主权。"熊猫丛书"选材的标准有两个：一是适合外宣的作品；二是具有一定美学价值的优秀作品。如若不能同时符合这两个标准，那么后者必须服从于前者。

### （二）"小环境"

**1. 译者对自身能力的适应与选择**

杨宪益继承了父亲的诗人气质，自幼显露出超强的语言天赋，对诗歌艺术有着敏锐的洞察力和感悟力。在启蒙老师魏汝舟先生的教导下，杨宪益读了大量的中国古代典籍，打下了坚实的汉语功底和诗歌基础。出国留学以后，杨宪益不仅掌握了英语，还精通多国语言，在求学期间，主修了古希腊、古罗马文学。这些经历使他对西方文学有了进一步的认识，不仅了解了译文语言的审美习惯和读者的阅读期待，而且提高了自己的中西方文化修养。可见，杨宪益是对自身翻译能力的适应与选择后才走上了翻译职业的道路。

**2. 译者对原语文本的选择**

杨宪益从小饱览诗书，喜欢吟诗作赋，这为其之后的诗歌翻译奠定了良好的汉语言功底。译者在选择翻译材料的时候是有自己的情感取向的，译作能折射出译者的兴趣爱好。杨宪益热爱中国古典文学，对原语作品所反映出来的中国古代知识分子的追求与理想、人生观与价值观等有深切的体会。他翻译的大部分作品所体现出的文人性格气质与处事风格都契合他的人生态度和真性情，与其精神境界产生了共鸣。可见，他对诗歌翻译的选择体现了其至真至善的情趣。

**3. 传播文化的使命感和强烈的爱国心**

牛津大学毕业之后，杨宪益放弃了到哈佛大学工作的机会和优越的物质生活，选择回到内乱不断、物资匮乏的中国。因为他相信，即使战争改变了一切，他还是要回到中国，这一点他自始至终都没有怀疑过。一位记者曾说过："杨宪益的一颗心只为中国跳动；如果加上戴乃迭的话，应该说是两颗心都曾共同为中国跳动。"文化传播的使命感及强烈的爱国精神使他们为中国文化的翻译事业付出了一生的努力，他们为中国翻译所做出的贡献值得所有人铭记。

### 三、译文的多维度适应与选择

在生态翻译学的视角下,判断译文成功的标准是译文的整合适应度高。译文的整合适应度越高,译文的可接受性就越强,译文也就越好。好的译文会在多个维度上进行适应与选择,从而达到"一种协调各方、整体平衡的相对稳定状态"。这就需要以译者为中心。译者根据翻译的目的、受众对象、语言、文化、交际、语用等多方面因素进行统筹考虑,采取相应的翻译策略和方法,尽量展现出最佳的译文。《长恨歌》是由中国唐朝诗人白居易所作,是千古传颂的名篇佳作,本研究就以收录在"熊猫丛书"中的译作《长恨歌》为语料来进行文本层面的多维度适应选择分析。

#### (一)语言维度的适应与选择

这是指在翻译时译者会在不同方面、不同层次上对语言形式进行适应性选择。诗歌的内容特点就是以简练精悍的语言表达作者丰富的思想情感,形式特点就是节奏鲜明、音韵和谐、富有音乐动感美。《长恨歌》的节奏起伏变化较为明显,朗朗上口,整首诗歌两句一换韵或四句一换韵,平韵与仄韵交替。但是,英汉两种语言本质上的差异性使译作不可能与原作的意境、韵律和节奏完全一致。随着翻译风格逐渐平稳,杨宪益不再刻意追求"诗体译诗",而是会考虑"散体译诗",即采取不受原文本体裁的限制而进行散文体译诗的举措,努力再现原文的精妙之处。在翻译《长恨歌》时,杨宪益并没有严格按照原文的押韵形式,而是考虑到了译语读者阅读的可接受性及审美特点,将原文译成了无韵诗。中文英文在语言结构上有着较大的差异:中文重意合,英文重形合;中文多主动,英文多被动;中文省主语,易堆砌小句,英文则不同。面对这些情况,译者需要熟悉中英文的语言结构,从而做出恰当的适应与选择。

例文:

杨家有女初长成,养在深闺人未识。

**Then a daughter of the Yang family Matured to woman hood. Since she was secluded in her chamber, None outside had seen her.**

对比英汉可以发现,汉语用14个字表达出完整的句义,英文用了22个单词才把句子内部的逻辑关系表达清楚;汉语中的"养"在英语中成了被动形式"was secluded";汉语中只出现一次人称代词"杨家",英语中则出现了三次人称代词,分别是"a daughter of the Yang family""she""her";汉语第二个分句中有两个动词"养"和"未识",在英语中则通过连词"since"译成了两句话。译者对译文的一系列选择是为了降低译文的难度及陌生程度,有利于读者接受原诗的内容和思想,理解诗中令人动容、爱恨交织的故事,所以诗歌的英译中并没有体现出汉诗中的格律与押韵也就不足为怪了。这样的例子在译文中还有多处。

#### (二)文化维度的适应与选择

这是指译者在翻译过程中要具有文化意识,能够认识到跨越语言和文化差异的交流所造成的障碍,尽量保持两种语言的文化生态的平衡和谐,促进交际的成功。文化负载词承载着独特的民族文化内涵,既是唐诗翻译的重点,又是衡量译诗质量的重要尺度。杨宪益曾经提出:"在文学中有许多其他因素构成原文的含义,要把这些含义传达给文化不同的人则是不可能的。"。对于《长恨歌》中一些特殊名词的翻译,杨宪益尽量采取归化的策略来适应读者的阅读需求。例如,词语"道士""方士""太真"等都是道家文化繁衍而来的词语,带有浓厚道家文化的色彩,杨宪益分别译为"a priest""he""Tai zhen",并没有译出道家文化的内涵,因为这样可以减轻读者的阅读负担,也为译文能更好地流入英语国家做铺垫。原诗中还有许多中国文化传统所特有的词语,如"早朝(古代一种朝堂仪式)""魂魄(指人的精神灵气)""黄泉(指人死后埋葬的地方,迷信的人指阴间)""玉容(指美貌)"等词,是西方读者的认知里面没有的,译者就要选择读者能适应的方式去翻译。杨宪益分别译为"court sessions""spirits""below the earth""pale face"。关于地名的翻译,杨宪益保留了原诗歌的地名,因为这些在译语文化中是找不到代替词的,而读者可以根据谐音推测出其所代表的地名就足够了。例如,"华清池""骊宫""渔阳""蜀山""马嵬坡""太液""临邛""蓬莱宫""长安",杨宪益分别译为"Hua qing Palace baths""The Li Mountain lofty pleasure palace""Yu yang""the Si chuan mountains""Ma wei Slope""the Tai ye Pool""Lin qiong""Peng lai fairy isle""Chang'an"。

(三)交际维度的适应与选择

任何文本缺少了交际的意图都是毫无意义的,除传递原语的信息和文化内涵之外,译者在翻译的过程中最主要的任务就是要关注原文的交际意图是否在译语中得到体现,这也体现了译者的主观能动性。

《长恨歌》以简练的语言,叙事和抒情手法相结合,讲述了唐玄宗与杨贵妃在安史之乱中的爱情悲剧。全诗共有三十小节,第一部分是第一到第七节,讲述的是二人醉生梦死的爱情生活,这是极大的乐,为后文埋下了伏笔;第二部分是第八节到第十八节,讲了二人生离死别及唐玄宗对杨贵妃的思念之情,这是极大的悲;第三部分是第十九节到第三十节,主要讲的是道士寻找杨贵妃,进而表达了李、杨二人对彼此的苦苦思念之情。故事情节跌宕起伏、扣人心弦,让读者不由得感慨二人之间的爱恨情仇,整首诗的基调是对李杨二人爱情结局的哀婉和悲叹。译者应该跟随故事情节的发展,把诗歌的感情基调由大喜转为大悲的变化过程展现出来,让读者体会诗歌中的情感变化,从而达到交际目的,也即读者能融入故事中与原作者感同身受,达到情感的共鸣,并领悟原文作者所传达的思想主题。

杨宪益对标题的翻译是"Song of Eternal Sorrow",将"恨"翻译成"sorrow",即"痛苦",传达出了整首诗的中心基调——相爱的人被迫分开后,只能痛苦地思念彼此。从诗歌的整体内容来看,第一部分中的译文"They took their pleasure in the spring night…; Constantly she amused and feasted with him, accompanying him on his spring outings, spending all the nights with him; She accompanied him at night. feasting together in the marble pavilion, inebriated in the spring",可以表现出二人情感的欢喜,甚至过分欢纵,让人不免想痛斥二人

误国误民和享乐无度的行为。杨宪益译文中的"pleasure""inebriated"等词形象地表达出二人沉湎于奢华生活的欢乐之情。第二部分中的译文"…his tears mingled with her blood; Night and day the emperor mourned. On rainy nights, the sound of bells seemed broken-hearted; Their clothes stained with tears. How could he refrain from tears at their sight; The lonely lamp was nearly extinguished, yet still he could not sleep",其中"tears""mourned""broken-hearted""lonely"等词足以让人感受到两人痛苦别离之后的极度悲伤之情,不免让人同情,与前面形成了鲜明对比。第三部分中的译文"But her pale face was sad, tears filled her eyes, like a blossoming pear tree in spring; She presented old mementos to express her deep feeling",其中"pale""tears""deep feeling"等词表现出二人彼此深深的思念之情,令人动容。文章的结尾是全篇的升华及点睛之笔,"In heaven we shall be birds flying side by side. On earth flowering sprigs, on the same branch! Heaven and earth may not last for ever, but this sorrow was eternal"。译文深化了文章的主题,表达了全文的主题思想。

（四）伦理维度的适应与选择

译者所持的伦理观在诗歌的翻译过程中起着重要的作用,翻译伦理就在于如何定义"忠实"。译者应忠实于原文、原作者、译文读者,尽量避免给读者带来阅读误差和审美障碍。

例文：

渔阳鼙鼓动地来。

Then battle drums shook the earth.

在此例中,杨宪益的译文将原文字面语义完美呈现给读者。其他版本,如许渊冲的译文为"But rebels beat their war drums, making the earth quake"。对比之后可以发现,许渊冲的译文将战争的另一方描述为"rebel",即"叛徒",显然,许渊冲加入了自己的主观情感,认为战争中的对方是不义之徒,可是原文作者白居易是在客观描述安史之乱,并没有说明谁是谁非。

例文：

宛转蛾眉马前死。

So she with the moth-like eyebrows was killed before his horse.

杨宪益的译文与原文一一对应,毫无违和感,做到了"忠实"。赵彦春对此句的译文是"The culprit, his most favored, has to die"。对于杨贵妃,杨宪益译为"she",而赵彦春译为"culprit",即"元凶、犯人",赵彦春的译文添加了个人感情色彩,容易误导读者；杨宪益的译文则比较客观,做到了"忠实"。

透过《长恨歌》的译文赏析可以看出,译者的翻译过程是在宏观背景下受动性与主动性的结合,译者翻译是在生态环境中不断选择适应的结果,以及译者在微观背景下对译文多维度的选择与适应,从而得出整合适应度最高的译文。

# 第三节　张谷若翻译思想的生态翻译学探析

张谷若是我国近现代史上伟大的文学翻译家之一，他的翻译思想，包括翻译原则和对翻译本质的认识，引起了众多学者的关注。本节将从生态翻译学视角出发，探析张谷若的翻译思想。笔者认为，从生态翻译学视角观察，张谷若的翻译思想中蕴含了"和谐统一""译者责任""适应选择""汰弱留强""适者长存"五大生态翻译学理念。

张谷若是我国近现代史上伟大的文学翻译家之一。他在文学界被认为是"哈代专家"或是"哈代的东方知音"；又以高尚的学术风范、精益求精的译德译风被翻译界尊称为"译界的楷模"。生态翻译学，由我国学者胡庚申提出，是从生态学视角综观翻译学的一种翻译研究范式。目前，生态翻译学的研究焦点主要涵盖十大理论：翻译生态的和谐统一、翻译文本的文本移植、翻译主体的译者责任、翻译行为的适应选择、翻译方法的多维转换、翻译过程的汰弱留强、翻译标准的多维整合、译品生命的适者长存、译者追求的译有所为和译学发展的关联序链（序二）。本节将以这十大理论为基础，探讨张谷若翻译思想所蕴含的生态翻译学理念。

### 一、翻译生态的和谐统一

生态翻译学认为，翻译是集整合一体性与和谐统一性为一体的系统，翻译活动的各个环节都蕴含着"和谐统一"的理念。张谷若提出的翻译原则和对翻译本质的认识体现着"和谐统一"性。

张谷若曾在《地道的原文，地道的译文》一文中，明确阐述了他的翻译原则。他认为，成功的译文要与原文达到以下四个方面的对等：第一，内容方面对等，即译文要在意思和思想等方面与原文完全一样或几乎完全一样；第二，形式方面对等，即译文要在词、句的表达方面与原文完全一样或几乎完全一样；第三，用法性质对等，即译文要和原文一样，都是习语、俚语、方言等；第四，译文要与原文一样，都是合乎习惯的。这四方面对等的翻译原则强调翻译在内容、形式、意义等多方面的和谐统一。

张谷若认为，翻译"为科学亦为艺术，为艺术亦为科学"。之所以为科学，是因为它有法可依、有规律可循；之所以为艺术，是因为它要进入再创作的艺术境界。张谷若在多年翻译实践的基础上，总结概括出"地道的原文，地道的译文"这一翻译原则，并将之诉诸笔端，体现了翻译的科学性；同时，他高超的翻译技能使每一部译作都达到了再创作的艺术境界，具有完美的艺术性。

### 二、翻译主体的译者责任

生态翻译学认为，译者是翻译活动的主体，在整个翻译活动中要负起"责任"。关于翻译主体的译者，张谷若认为，译者只有做人地道，才能使译文地道。所谓"译者做人要地道"，是指译者必须喜爱作者、原作；要忠实于作者，忠实于读者；要以孜孜不倦、精益求精的态度对待翻译事业。

第一，张谷若喜爱原作者和原作。在求学期间，他就对哈代的作品如痴如醉，于是在 1929 年大学三年级时，他就开始了最喜欢的哈代著作 The Return of the Native（《还乡》）的翻译工作，此后，他又陆续翻译了哈代的另外两部著作。第二，张谷若既忠实于作者，又忠实于读者。对于作者和原作，他认为译文在作品内容、语言文字、作品效果三个方面都要忠实于原文；对于读者，他译文里的大量注释足以展现其忠实风格。张谷若曾说，未做翻译先要做注释，注释是翻译的必要工作。第三，张谷若一心一意做学问，兢兢业业搞翻译。翻译每一部作品前，他都要先对作者本人以及作品的风格、内容、情感等深入研究。翻译过程中，除了用地道的译语重现原文外，他还给译文添加大量注释。翻译初稿出来之后，他还要再三对照译文与原文，字字句句进行反复斟酌、仔细考量，对未解决的问题加以研究。毫无疑问，张谷若是一个地道的译者。

## 三、翻译行为的适应选择

生态翻译学认为，翻译是译者为了适应翻译生态环境而进行的选择活动，适应与选择贯穿于翻译活动始终。至于"选择"理念，笔者认为，可以从张谷若对作者、原作、翻译方法、译语风格等多方面的选择得以体现。

张谷若翻译工作始于哈代的作品，是因为他们之间存在一种契合。这种契合便促成了他对哈代及哈代作品的欣赏与透彻理解，并最终选择哈代的作品进行翻译。翻译方法大致可分为五类：极端异化、异化为主、异归均衡、归化为主和极端归化。张谷若的翻译方法属于异归均衡。他在异化和归化两种翻译方法之间避免了极端，实现了均衡，做到了中英两种语言、中西两种文化之间的圆满交流。在译文风格方面，张谷若一直遵循着"用地道的译文译地道的原文"这一原则，因此，他的译文在选择词语、句式、修辞等方面特别讲究，给读者留下了深刻的印象。

## 四、翻译过程的"汰弱留强"

生态翻译学认为，"适者生存""汰弱留强"的自然法则同样适用于翻译过程。这一法则在张谷若的翻译活动中也有所体现。楼沪光回忆，他在张谷若家中看到一部出版一年多的《大卫·考坡菲》译本，书已磨损破旧，但仍被再三修改。书中许多地方用墨色不一样的笔做了改动，有的地方还贴上了小纸条贴，纸条上面写着重新改过的译文或是添加的注释；部分已修改过的地方，还要做第二、第三次修改。张谷若对译文一遍又一遍地琢磨修改，去粗取精、去伪存真；对已出版的译本还要反复推敲改动，去掉劣的、弱的，留下优秀的、强的，足见他精益求精、一丝不苟的翻译风格，同时很好地诠释了他翻译过程中一直遵循的"汰弱留强"法则。

张谷若的译文素来以"译语流畅地道"而闻名。这是他在忠实于原文的前提下，根据不同语境灵活运用多种翻译技巧的结果，如加注、增词、合并、拆分、调整语序、重复、启用方言、反说正译、正说反译和使用四字格等。如果认真研究他每一部译著的翻译过程,细读他的每一部译本,定能更清楚地体会到他在翻译活动中所坚持的"去粗取精""去伪存真""汰弱留强"法则。

### 五、译品生命的适者长存

生态翻译学认为,最佳的翻译是"整合适应选择度最高"的翻译。张谷若的翻译算得上是"整合适应选择度高"的译品,做到了"适者生存并长存"。张谷若的译作,不论是哈代的《还乡》《德伯家的苔丝》《无名的裘德》,还是萧伯纳的《伤心之家》、莎士比亚的《维纳斯与阿都尼》、狄更斯的《游美札记》《大卫·考坡菲》,或是菲尔丁的《弃儿汤姆·琼斯史》,每一部都堪称艺术经典。以《大卫·考坡菲》为例,原作是一部虚构的传记体小说,被认为是狄更斯现实主义的扛鼎之作。张谷若在深入研究原作者的写作风格和原作内容、情感的基础上,始终遵循"优胜劣汰""适者生存""汰弱留强"等自然法则,在语言、文化、交际等多维度间做适应调整与优化选择,并用流畅、地道的中文将原文本移植过来,译文生动再现了原文风格,表达了作者感情。因此,我国虽有林译本、董译本、许译本等多个译本,唯有张谷若的新译本是目前公认的最佳译本。

笔者从生态翻译学视角考察张谷若的翻译思想,如"用地道的译文译地道的原文""翻译为科学亦为艺术",以及他的翻译实践,发现张谷若的译作中都体现了"和谐统一""译者责任""适应选择""汰弱留强""适者长存"五大生态翻译学理念。张谷若的译作屡经再版,数十年来拥有海内外广泛的读者,以其译文忠实精雅、注释详尽深入而享有盛誉,成为高等院校外文翻译教学、研究及实践的范本。张谷若的翻译思想所蕴含的其他生态翻译学理念,尚待进一步补充与挖掘。

## 第四节 葛浩文翻译思想的生态翻译学阐述

近年来,随着我国综合国力的日益提升及全球化的不断加快,中西方的文化交流规模越来越大、速度越来越快、层次也越来越深。世界在关注到中国崛起的同时也越来越关注中国的现当代文学作品,这也是我国政府和文学界所愿意看到的。他们都十分希望中国的现当代文学作品能够"走出去",被西方世界国家的读者所了解和认可,进而了解和喜爱中国的文化。虽然目前由于意识形态和读者审美等多种因素,我国现当代的许多文学作品在西方国家的翻译还面临着许多挑战,中国的文学译作在西方的影响力和传播范围还很小,影响力也远不及其他英文作品。究其原因,除了经济落后导致的文学发展滞后及政治因素之外,最重要的原因是我国文学作品的译本很少,而且由于从业人员不多导致翻译的质量也不高。目前,在海外从事中国现当代文学作品翻译的海外汉语言专家学者只有几十人,但是以葛浩文(Howard Gold blatt)为代表的翻译家,从20世纪90年代至今翻译了萧红、杨绛、冯骥才、贾平凹、王朔、姜戎、毕飞宇及莫言等多位中国现当代名家的60多部作品,由葛浩文所翻译的莫言的作品《蛙》于2012年获得了诺贝尔文学奖,极大地推动了中国文学作品在西方国家的传播和推广。

## 一、葛浩文简介

葛浩文(Howard Gold blatt)是21世纪美国翻译史上一位具有特殊地位的中国文学翻译家。其多年来一直在海外致力于中国现当代文学的研究与翻译工作,葛浩文一方面精通英语的语言与文化,同时由于其自身的学习经历,曾经在中国台湾学习汉语,而后又获得了中国文学博士学位,对中国文化也是了如指掌。葛浩文的译作,以其高超卓越的双语水平,以及对中国文化和文学的深入理解,对中国现当代文学在海外尤其是西方世界的传播贡献了巨大的力量。其译作在国际上屡获大奖,1989年他所翻译的贾平凹的作品《浮躁》获得了1989年美孚飞马文学奖,2000年他与夫人林丽君合译的朱天文的作品《荒人手记》获得了美国国家翻译奖,2007年翻译姜戎的作品《狼图腾》获得了亚洲文学奖。而其中最令人瞩目的是莫言2012年获得诺贝尔文学奖,作为译者,葛浩文的功劳毋庸置疑。正如莫言所说:"许多既精通英语又精通汉语的朋友对我说,葛浩文教授的翻译与我的原著是一种旗鼓相当的搭配,但我更愿意相信,他的译本为我的原著增添了光彩。"纵览相关文献,学者对葛浩文的研究基本可以分为三类:一是对于葛浩文本人及其译著进行"质"的研究。这种视角主要采取对于葛浩文的访谈加以整理的方法,比如《我译故我在——葛浩文访谈录》(季进,2009)就是采用这种方法分析了葛浩文对于中国当代作家的见解;二是对葛浩文翻译策略、翻译观进行的研究,比如 Chinese Literature Today(Luke,Christophor,2011)评析了葛浩文独特的翻译风格;三是从翻译理论和语言学理论方面对葛浩文译作的研究,比如《初探〈狼图腾〉英译本中的意象图式运作》(崔蔷,2010)、《从系统功能语法看葛浩文的翻译——基于情景语境中的中英语篇对比》(官濛,2009),以及《从关联理论看文化负载词的翻译——〈丰乳肥臀〉英译本个案研究》(刘一鸣,2009)以关联翻译理论为基础分别从语言、修辞、文学、文化、哲学等几个角度对葛浩文的译著展开研究。而从生态翻译学角度进行解读的则少之又少。因此,本节拟从生态翻译学的角度,分别以译者的选择与适应翻译生态的和谐统一,以及译者对译入语生态文化环境的适应为出发点,对葛浩文译作的翻译风格进行解读和梳理。

## 二、生态翻译学

由于"生态翻译学"至少涉及了"生态学"(Ecology)和"翻译学"(Translatology),因此,它是一项具有跨学科性质的交叉研究。"生态学"一般被定义为"研究生物与环境以及生物与生物之间相互关系的生物学分支科学"。具体来说,生态学是研究各个生物体与其周围的环境之间的相互关系的科学。它所强调的是生态环境中各个生态因子之间的和谐共处,以构成稳定的生态环境。与生态学相结合的翻译应该是从文本内部其原本的生态结构出发来对翻译作品进行选择和适应,并且在具体的翻译过程中不断重复文本所固有的生态结构,使其得以在另一种语言中进行再现。生态翻译学作为一种跨学科性质的研究,是运用生态学,从生态视角对翻译进行研究的理论。因此,生态翻译学(Eco-translatology)可以理解为一种生态学途径的翻译研究(an ecological approach to translation studies)，抑或生态学视角的翻译研究(translation studies from an ecological perspective)。在该理论视域下，翻译生态环境中的各个生态因子可以是原著作者、文本、译者、译本、译入语的社会文化背景及读者等等。那么，翻译则应该是"译者选择适应翻译生态环境的选择活动"，"翻译生态环境"是由原著、译者、译出语、译入语与两种语言所处的文化、社会、作者及读者互动联系所构成的有机整体。在协调各个翻译生态因子的过程中，第一步要做的，最为重要、影响最大的是译者对原著的选择，这是整个翻译生态系统能否建立的基础，接下来是在具体的翻译过程中，要求译者能够灵活地根据译入语的社会文化背景以及译入语读者的审美和接受程度对译文进行适应和调整，以实现整个生态翻译过程的和谐统一。

### 三、译者的选择与适应：翻译生态的和谐统一

在翻译生态环境中，译者首先要根据译入语的文化背景、读者的审美及译入语社会的意识形态等因素选择适合翻译成译入语的文学作品。而原著的选择是生态系统中译者主体性的最初体现，也是最为关键的部分。此外，根据生态翻译学的理论，译者在翻译的过程中，应当充分发挥自己的主观能动性去适应当前的翻译环境，并在此基础上发挥适当的自创性。这需要译者主动地对译入语的社会生态环境进行全面的考量，综合各生态环境因子后选择最佳最适合的翻译方法和翻译技巧。葛浩文认为，翻译最重要的任务就是选材，"选材错误是最大的错误，比翻译错误还要严重。"他选择翻译的文本通常要符合两个条件：一个是作品必须是他所喜欢的，符合他个人作为一名读者的审美和喜好；其二，作品要适合他去翻译，原文的写作风格、主题、体裁以及作者的语言风格应该是他能够驾驭得了和驾驭得好的。虽然葛浩文也翻译过诗歌、古代文学及少量的写实文学，但他还是觉得自己更欣赏中国现当代文学，也更适合他来翻译。在此过程中，译者的主体性身份得以逐步地确立和认可。对于葛浩文来说，翻译自己喜欢和欣赏的作品是一种享受，而如若这部作品不是他所喜爱的，定是一段痛苦的经历。尤其在文学翻译中，译者应该承担多种身份，首先是读者，然后是译者、创作者甚至是评论者。这就如同园丁想要建造一座生机盎然的果园，首先要做的就是选择适合栽种的品种和好的种子，然后在种植培育的过程中，根据生态环境的温湿度和光照条件等对种植方法进行适度的改良和加工，甚至可以根据消费者的口味偏好进行嫁接，最终才能培育出口感最佳，并受到消费者喜爱的水果。葛浩文所钟情的是那种文风淳朴、语言大胆，有时有些粗鲁，但是又不乏幽默、妙趣横生的作品。这就注定了莫言与葛浩文的相遇，葛浩文所翻译的莫言的作品《红高粱家族》《丰乳肥臀》及《生死疲劳》无一例外都是这种文风的作品。特别是由葛浩文翻译的莫言的作品《蛙》于2012年获得了诺贝尔文学奖，这使西方世界第一次大范围地关注到了中国的现当代作品，从而极大地推动了中国的现当代文学作品在西方国家的传播和推广，也引起了西方文学界专业人士的瞩目。同时，从生态翻译学的角度出发，葛浩文也充分发挥了译者的主体选择性，主动放弃了一些不适合的作品，并且在选择翻译某部作品之前都会主动与原作者多次反复地沟通讨论来确定最终是否选择翻译这部作品。葛浩文如此谨慎

地选择翻译文本，为译文为译入语文化环境和读者所接受打下了良好的基础，同时也使译文能够更好地适应译入语的社会文化环境，符合译入语读者的审美和兴趣。他的主体性选择和对译入语文化的考量体现了译者、读者及译入语社会环境的生态和谐统一。

### 四、译者对译入语生态文化环境的适应

生态翻译学视域下，翻译的过程就是译者对于译入语环境及原著文本的选择和适应的过程，具体到翻译的过程中，翻译的生态环境是由译者多维度的适应所形成的。而最理想的翻译应该是译者通过"三维"，即语言维、文化维和交际维的转换，并根据读者的反馈最终整合出最佳适应译文。

语言维的适应和转换是译者在翻译成译入语的过程中对原文语言形式和意义的调整与改变。正如著名翻译理论家 Eugene A.Nida 在《语言、文化与翻译》中所言："语言在文化中的作用以及文化对文字和成语的影响是如此普遍，以至于如果我们不熟悉语言文化背景的话，没有人能够很好地理解其中的含义。"葛浩文有着深厚的中国文化积淀，也对汉语有着极为深刻的理解和兴趣，他会为了达到最好的生态适应效果做出最大的努力。首先，为了达到"信"，即忠实地表达原文的意思，他非常严谨，经常为了一个字的意思与作者反复推敲商议。这是生态环境中生存的基本要求。与此同时，葛浩文为了适应译入语的生态环境，用译入语的思维去思考和审视，用译入语的语言表达习惯去改编原文，以期达到最佳的生态平衡状态。

翻译从本质上来讲就是一种跨文化的交流，使一种文化、文字和作品能够通过译者的努力为另一种文化的读者所熟知和接受，并了解和认识这种文化。译者应该在翻译的过程中尽最大努力准确地传达原文的文化内涵，葛浩文在翻译过程中在尊重原文意义的基础上，充分发挥了译者的生态适应主体性，创造性地进行了翻译。葛浩文在翻译中有意运用了增译法对文本中的文化负载词进行注释，使译入语读者能够对中国特有的一些文化和历史词汇有更深入的理解。比如，"劳模"是中国改革开放初期的特有词汇，葛浩文除了将它翻译为"model worker"之外，又增译了"master worker"作为补充说明。对于感兴趣的读者，葛浩文还在多部译作的末尾附录中增加了相关特有词汇的解释，使文化的传达更为完整。在更深层的交际维上的适应和转换，要求译者肩负双重身份，一方面是原文文本的读者，同时也是搭建两种语言和文化沟通桥梁的翻译者。葛浩文在翻译的过程中能够从读者的角度出发考虑译文是否能够被译入语读者所理解。其翻译的刘震云的《我不是潘金莲》于2014年出版，葛浩文巧妙地把书名翻译为"I Did Not Kill My Husband"，因为读者首先对"潘金莲"不了解，更不知其背后的故事，如果直译可能会使读者失去阅读兴趣；另一方面，如此翻译书名可以令读者大致了解小说的主要内容并引起读者的兴趣去了解故事的原委，可谓一举两得。葛浩文也经常根据西方读者的阅读喜好对文本进行适当的删减和改写，以使译文更加简洁、情节更加紧凑。比如，在《狼图腾》的译本中，葛浩文将原著中很多介绍狼的部分都删减了，因为即使不做过多介绍，西方读者也了解狼的一些特性，过多的介绍就显得冗繁了。

作为"中西方文化的桥梁"，葛浩文一直在竭力促进中西方的文化文学交流。他在译介

中国现当代文学作品的过程中，不仅充分发挥了其译者的主体适应和选择性，同时又考虑到中西方文化和语言的差异性及多样性特征，并根据目标语读者的审美兴趣和接受性，不断调整和完善自己的译作，来努力维护整个翻译生态圈的"和谐共存"。因此，对葛浩文翻译思想值得我们从多种角度，不断地做更深层次的探寻和挖掘，使得中国的现当代文学作品能够在西方世界获得更多的关注和接受，进而促进中国的文化能够更好地"走出去"，为我国的文化和文学的传播与贡献一份力量。

# 第五章 生态翻译学视角下的词汇翻译研究

## 第一节 生态翻译学视角下叙词表术语的翻译

叙词表术语翻译对多语种叙词表的编制和词表间的互操作具有重要的应用价值，如何准确快速翻译叙词表术语成为叙词表研究的一个重要方向。借鉴生态翻译学中语言维、文化维及交际维的三维转换原则，假设叙词表术语翻译机制符合生态翻译学的三维转换特点，并通过调研"英文超级科技词表"和《汉语主题词表（工程技术卷）》的术语翻译，发现术语翻译规律与生态翻译学的三维转化原则吻合，验证叙词表术语翻译符合生态翻译学规律。生态翻译学的三维转换原则可以为叙词表术语翻译提供方法论指导和新的翻译思路。

多语种叙词表是多语种文献数据库中重要的文献标引和信息检索辅助工具，同时也是词表间互操作的桥梁。其编制方法多种多样，其中常见的方法是通过对现有的单语种词表术语进行翻译，形成多语种叙词表，或者像《汉语主题词表（工程技术卷）》（以下简称《汉表》）一样，为优选词添加一个或几个英文翻译，既起到多语种叙词表的作用，也为《汉表》与其他词表的互操作提供参考，实现信息资源在术语层面的结合。生态翻译学是一门跨学科的翻译方法，以"适应/选择"为翻译理论基础，以文化维、语言维和交际维三个维度转换为其翻译方法，已在术语翻译领域中应用。林瑞娟将生态翻译学的三维转换引入秦腔术语的英译中，从语言维、交际维和文化维三个角度探讨了具有中国特色的秦腔角色、秦腔"绝活"等术语的英译，更好地传播了秦腔艺术文化；王畅、杨玉晨基于生态翻译学视角，从语言、文化与交际三个层面讨论中医医院公示语翻译过程中的各影响因子的相互关系，在此基础上提出了中医医院公示语英译的原则。生态翻译学思想在术语翻译方面的应用，为利用生态翻译学研究叙词表术语翻译提供了参考。

叙词表的术语由优选词和入口词组成。2014年，修订后的《汉表》共收录优选词19.6万条，入口词16.4万条，总术语达到36万条，等同率（入口词/优选词）为0.84。国家"十二五"科技支撑计划所建的"英文超级科技词表"（以下简称"英表"）中共61万个概念，其中入口率（等同率）为2.13，工程技术领域的入口词约30万。"英表"的优选词在编制时已经添加了中文翻译，由于入口词数量庞大，词表编制时没有对入口词添加中文翻译。为了对中英文专业术语有准确的语义了解，需要探讨总结入口词的翻译规律并对其进行翻译。生态翻译学从语言维、文化维和交际维阐述"适应/选择"的重要思想，叙词表术语翻译时一般也会从语言、文化环境和应用的角度去考虑翻译策略，从此角度看，叙词表术语翻译规律与生态翻译学的翻译方法具有相似性。基于两者的相似性，假设叙词表术语翻译规则符合生态翻译学三维转化原则，利用生态翻译学中语言维、文化维和交际维三个维度对"英表"和《汉表》中的术语翻译进行分析验证，为叙词表的术语翻译提供一种新的思路。

### 一、叙词表术语翻译研究现状

随着全球化的发展，国家间的信息交流越来越多，主要用于标引和检索的多语种叙词表也成为研究热点。国际标准 ISO25964-1 中提到多语种叙词表选择优选词时，可以将不同的语言版本视为两个或多个平行的单语种叙词表，并建立对应项之间的映射；英国标准 BS8723-4 中说明两个或更多的词汇表需要以信息检索为目的进行互操作。由于任何一个概念通常用不同的词汇表中的不同术语或符号来表示，因此，重点在于建立每个概念的不同表示之间的等同或其他关系。国家标准 GB/T15417 认为入口词之间不必要也不可能在各语种之间实施一一对应，因为各语种对表达同一概念的异形词数完全不同。所以，入口词通过映射对应只能实现一部分的双语翻译，并不能实现完全双语翻译。国家标准 GB/T13190.1 中对于将其他语言翻译为汉语语词时也做了规定，如在汉语中已经有通用译名的时候，不用外来名做优选词；或者外文辞的缩写形式被人们普遍接受，可以采用缩写或与汉字结合遴选为优选词；同时，应选择对应的其他书写形式做入口词。

多语种叙词表的编制方法有多种，可以重新构建，也可以对现在的单语种词表进行多语种转化。2002 年，中国农业科学院农业信息研究所对 AGROVOC 进行了汉化，从概念层面增加了汉语对照翻译。常春在研究 AGROVOC 的中文翻译和中文维护工作中，提出了汉语叙词统一、基于概念翻译、基于词间关系、基于概念范畴以及词频关系等多语种叙词表汉语翻译原则。《汉表》和"英表"的概念映射模型的建立参考了 W3C 的词表映射规则，其映射基础是找到中文术语或英文术语对应的同义概念，而同义概念是根据英文术语与汉语术语的译文的相似匹配或者用代传导来进行推荐的。同一概念形成同义词集，英文同义词集可借鉴双语翻译方法，通过最大公共字符串的比例计算词语相似度。由于一些中英文语词存在多个含义，匹配时可以考虑词的义项，依据词量、各词重要程度及翻译准确性进行权重的动态设置。王刘安在研究概念优选词的选择方法中认为英语术语翻译具有多样性，所以翻译时要结合来源词表中的词间关系及专家推荐，提高其翻译准确度。对英文术语的原形化处理，可以基于 Word Net 附带的词形变换表进行术语词形还原，也可以借助计算机辅助工具根据词形变化规则进行术语原形化处理。

### 二、三个维度转换下的术语翻译分析

鉴于"英表"中的优选词已有中文翻译，首先将入口词和优选词都进行原形化处理；然后通过比对二者原形化后的术语，若其相同，可直接使用对应优选词的中文翻译，将剩下的入口词通过不同的范畴与其相对应的词典进行翻译；最后，将剩余的入口词通过英汉词典匹配进行翻译，同时也要人工抽查，检查其翻译的准确性。但在具体的翻译实践中，发现生态

翻译学的三维转换思想与叙词表术语翻译规律相似，可以指导其术语翻译。因此，为了验证其准确性，从语言维、文化维和交际维角度去分析叙词表术语的翻译机制是否符合生态翻译学三维转化特征，同时选取《汉表》和"英表"中已翻译术语的具体实例来进行三个维度的验证。

语言维度下的叙词表术语翻译分析。术语的语言维度主要指叙词表编制标准及检索规则中涉及的术语的词形结构、发音等语言学特点，所以，分析叙词表术语翻译是否符合语言维度下的适应转换，可以从术语的词形结构、发音等语言学角度，对术语翻译进行分析验证。

语言维的适应性转换，指的是从语言学角度，根据不同的翻译生态环境对其进行适应性选择。主要表现在虽然原语和译文有同质性，但也存在异质性，而且语言特点的不同导致其表达方式也有所不同。所以翻译者要充分理解双方语言的表达方式，了解其翻译生态环境，用准确的词语将其翻译出来。根据叙词表的主要功能标引和检索来看，叙词表术语的翻译环境主要是叙词表以及文献数据库，所以，可以基于叙词表的编制规则及主要功能从形、音角度进行分析。

首先，从词形角度，即术语原形进行分析。由于中文中无单复数、时态之分，而英语词汇中虽有单复数、时态与语态之分，但其表达的中文含义是一样的。经过原形化处理之后，术语原形一般是一样的，所以经过语言维的适应性转化，可以对英语术语基于原形化进行翻译。如"英表"中入口词"wet suits"与优选词"wet suit"，优选词中"suit"以单数形式出现，而入口词中以复数形式出现，但其术语原形化后是同一个术语"suit"，所以将其翻译为同一个中文术语，即"潜水服"；又如"英表"中入口词"maintenance of equipment"使用介词连接，但在信息检索中，"of"是介词，一般禁止使用，且无实际意义，原形化过程中也会将介词视为停用词将其省略，与中文翻译只翻译实词有异曲同工之妙，所以翻译时只需翻译"maintenance"和"equipment"的含义"设备维修"即可。

音，即音译，主要指译者在翻译时保留原发音，或者用发音近似的汉字将其翻译出来，或者采用半音半意的翻译方法将其翻译出来。叙词表编制标准中有类似的编制规则，如果外来语音译词已在汉语中普遍使用并得到公认，就可选为优选词。如"英表"中的"clones"直接采用了与语音相似的汉字翻译，直接翻译为"克隆"；"英表"中"nano-belt"采用了半音半意的翻译，"nano"是"nanometer"的缩写，是常见的英语前缀，一般翻译为"纳米"，而"belt"一般翻译为"带状物"，所以"nano-belt"翻译为"纳米带"。中文术语翻译为英语时，也采用了这些方法。如《汉表》中术语"茅台酒"，在翻译为英语时，采用了半音半意的翻译方法，将其翻译为"Mao-Tai chiew"。其下位词"茅台大曲"，翻译时也采取了直接保留原发音的翻译方法，译为"MaotaiDaqu"。

综上所述，无论从叙词表的编制规则及应用规则，还是从叙词术语翻译的实践来看，叙词表术语的翻译都符合生态翻译学语言维度下的术语翻译规则。

文化维度下的叙词表术语翻译分析。叙词表术语的文化维度指的是叙词表术语所在的文化系统或文化环境。根据叙词术语的自身结构，可将叙词术语的文化系统理解为叙词术语所在的词族及术语的相应关系，文化环境理解为叙词术语在具体应用时所在的应用环境。因此，可从词族及应用环境去验证叙词表术语翻译是否符合文化维度下的翻译机制。

"文化维的适应性选择转换",原本指译者在翻译过程中关注双语文化维的适应性转换。这种转换主要在于关注源语文化和译语文化在性质和内容上存在的差异,关注语言所属的整个文化系统,避免译者只从译语文化角度出发曲解原文,导致无法准确表达与阐释源语文化内涵。所以,在叙词表术语翻译过程中,将其文化背景理解为所在的词族及利用概念映射营造的词典环境。

从叙词表自身的结构来看,将叙词表术语的文化背景理解为其所在的词族,以及与其相对应的主要关系,如等同、等级及相关关系。如"英表"中"LDH",在设备的文化背景下是"large diameter hose"的缩写,翻译为"大口径软管",但在消防的范畴中翻译为"消防馈线软管",主要是根据其上位词"firefighting equipment"(消防设备)判断的。还有"Gopher",在计算机网络应用的文化背景下,翻译为"Gopher检索工具",是一种检索工具,主要是从范畴号和相关关系判断的:"Gopher"在词族中的相关词为"information retrieval",所以将其翻译为"检索工具";但在动物学的文化背景下,"Gopher"的上位词有"mammals""rodents"等,判断此时的翻译为"囊鼠科"。又如"英表"中"blooming",在冶金与金属工艺的文化范畴下,其同义词为"primary rolling",将其翻译为"初轧";但在植物的范畴下,其同义词为"flowering",所以在此文化背景下,翻译为"开花"。

利用词表间的概念映射进行术语翻译。概念之间的映射主要有等同映射、等级映射和相关映射。其中,概念映射主要指等同映射,通过等同映射找出其入口词的对应翻译。如将"英表"与《汉表》进行映射,导出其完全等同映射的数据作为词典,对叙词表术语进行翻译,此时的术语环境是通过概念映射建立的词典环境。其原理是,若《汉表》中优选词的英文翻译与"英表"入口词一致,则该中文优选词可以作为"英表"中对应入口词的中文翻译。例如,优选词"水冲击"的英文翻译为"water hammer",而"英表"入口词也有"water hammer",所以此时选择中文优选词"水冲击"作为"water hammer"的中文翻译。

综上所述,叙词表术语在具体翻译实践中,根据术语所在的词族及利用概念映射营造的词典环境进行术语翻译来看,是符合生态翻译学的文化维度下的转化规则的。

交际维度下的叙词表术语翻译分析。叙词表术语的交际维度主要指的是叙词表术语在数据库中的应用——主题标引和信息检索,而这两方面的具体体现是文献检索的查全率和查准率,所以可对叙词术语翻译进行分析验证,查看是否符合生态翻译学的交际维度原则。

交际维的适应性选择转换,原指译者在翻译过程中关注双语交际意图的适应性选择转换。这种交际维的适应性选择转换,要求译者除语言信息的转换和文化内涵的传递之外,把选择转换的侧重点放在交际的层面,关注原文中的交际意图是否在译文中得以体现。对应到叙词表术语翻译中,有两方面体现:一方面,从查全率考虑。查全率在术语层面的体现——俗语和学名,若翻译时将俗语和学名都考虑进去,则文献标引更全面,其叙词表术语的交际性更高。另一方面,从查准率考虑。查准率在术语层面的体现——词频,词频反映术语在文献中的流通效度,一般可以代表学者的使用习惯,频率越高代表其利用率越高,其交际意图越明显。

叙词表术语主要用于对数据库中的文献进行主题标引,是实现用户与文献交际的桥梁。

为了提高其查全率，对文献进行主题标引时，要注意全面性，叙词表术语翻译要将术语在目标语言中的不同表达方式考虑进来。某些术语有学名与俗名之分，如"英表"中的"potato"，在中文中有"马铃薯"和"土豆"的学名与俗名之分，但其实二者表达的是一个事物，文献中也采用两种表示方式，所以"英表"中采用了这两种翻译。而某些术语由于语言来源地不同，在文献中的表示方法也有所不同，如英式英语和美式英语，《汉表》中的术语"高速公路"，在英语中翻译为"freeway"和"motorway"，所以为了保证标引的全面性和检索结果的全面性，也保持了两种翻译。

从查准率来看，为了能够保证检索文献的准确性，减少其噪声，可以利用词频选择中文翻译。对于英语术语，也许有多个较为合适的中文翻译术语，但术语具有单一性，通过统计这几个中文术语在文献中的频率，比较哪个中文术语在文献中的词频最高，就选择其作为相对应的翻译术语。如"英表"中的"stilling basins"，中文翻译为"消力池"或"消能池"，用这两个中文翻译作为主题或者关键词进行文献检索，统计结果中以"消力池"为主题的文献书目在知网、万方和维普中分别为1591条、1523条和896条，而以"消能池"为主题的文献书目在知网、万方和维普中分别为49条、42条和24条，所以选择了"消力池"为"stilling basins"的中文翻译。

综上所述，在叙词表术语翻译中，利用叙词表在主题标引和信息检索中的效度——查全率和查准率来进行术语翻译，其实也是一种交际维度下的术语翻译，是对应生态翻译学的交际维度下的术语翻译规则的。

多语种叙词表成为叙词表的发展主流，通过对单语种叙词表术语进行翻译是其中的一种重要的方法。本节基于生态翻译学的视角，对《汉表》和"英表"的已翻译的部分术语进行了翻译研究，发现其翻译规律符合生态翻译学的三维转换原则。从词形结构和发音的语言角度，根据术语原形化和音译的方法，对叙词表术语进行翻译，符合生态翻译学中语言维度的适应性转换；从术语所在的词族文化环境，以及利用概念映射营造的词典文化环境，选择合适的术语翻译，符合生态翻译学中文化维度的适应性转化；从叙词表术语与主题标引和信息检索的交际应用角度，根据查全率和查准率的要求选择叙词表术语的翻译，符合生态翻译学中交际维度的适应性转换。同时，叙词表术语翻译的过程也是一个选择性适应、适应性选择的优化过程，因此，进行术语翻译时，可从语言学、文化环境、交际应用三个角度综合考虑，为翻译做出最优选择，从而为多语种叙词表的编制与维护提供一定的参考意见。

## 第二节　生态翻译学视角下文化负载词的翻译

我国历史悠久，数千年的文化底蕴，给世人留下了很多文化负载词，这些文化负载词具有很深的内涵，能发人深省。但在对这些文化负载词进行英文翻译时，因为缺乏相对应的词语，无法准确进行翻译，使翻译后的词语无法表达出这些文化负载词本来的含义。因此，如何在重要场合，特别是国际会议上准确地对某些文化负载词进行英文翻译，就成为翻译人才亟待解决的重要课题。接下来，本节就分析探究在生态翻译学视角下文化负载词的翻译策略，以供相关人士参考。

随着我国对外交流的进一步频繁，与外国人进行交谈时，很多时候，对于一些我们耳熟能详的名言、俗语等文化负载词，翻译成英文时，往往因为英语中没有相对应的词语，而无法准确地将我们要表达的意思表现出来，如何正确地翻译这些文化负载词，让更多的人了解我国优秀的传统文化，推进我国语言的国际传播能力建设，从而实现习近平总书记提出的"讲好中国故事，展现真实、立体、全面的中国，提高国家文化软实力"。要想实现这一目的，作为翻译人员，就需做好文化负载词的翻译工作，将中国文化传播出去。基于此，笔者就结合自己的工作经验，进行详细的阐述。

从 18 世纪中叶兴起第一次工业革命以来，全球之间的交流逐渐频繁。在不同地区、不同文化之间的交流中，翻译成为一项必不可少的工作，并逐渐催生出了各种翻译理论。近几十年来，在传统翻译理论的基础上，生态翻译学借鉴了达尔文的"自然选择"理论，提出了"翻译适应选择论"。这种理论观点认为"翻译是以译者为中心的，译者要适应整个生态翻译环境就要进行选择"。因此，生态翻译学就是从原文内在的生态结构出发，对翻译的作品进行选择，并且在翻译的过程中，遵循原作固有的生态结构，将其在另一种语言中精彩再现。换句话说，就是选择最适合的语言、文化和交际方式进行作品的翻译。所以，生态翻译最突出的特点就是带有原作的特色。

### 一、文化负载词概述

所谓的文化负载词，就是指在语言系统中，最能体现一个国家或地区语言所承载的文化信息、反映该地区人民社会生活的词汇。在实际生活中，语言是人类表达自身思想感情并与其他人进行交流的工具，同时，语言还是文化的载体，是文化最重要的组成部分。不同国家、地区和民族的语言能真切地反映该国家、地区和民族的生态地域、物质文化、宗教信仰以及风俗习惯。而且，不同的语言也决定了这些不同民族之间不同的思维方式及语言行为方式。因此，当前世界各国的语言中都或多或少地存在着一定的文化差异，进而产生了一定数量的文化负载词。

随着当前世界经济朝着一体化的方向发展,世界各国、各地区及各民族之间的交往日益频繁。对于我国而言,在经济全球化的趋势下,要想更好地向世界展示自己,加强中外人文交流,让世界人民更了解我国,了解我国的发展,了解我国的文化,提高国家文化软实力,就必须加强文化负载词的对外翻译工作,在准确而恰当地理解他国文化中的信仰、习俗及审美价值观念等方面的内容的基础上,忠实地传达出我国优秀传统文化的精髓和灵魂,这样才能做好文化的传播和交流,从而将我国优秀的传统文化发扬光大,让这些优秀的传统中华文化展现出永久的魅力和时代的风采!

## 二、文化负载词的分类

欧洲著名语言翻译学家纽马克对文化背景进行了分类,将文化背景知识分为五大类,与此同时,世界著名翻译理论家奈达也从文化因素角度将其分为五大类。因此,笔者也从这五个文化因素角度对文化负载词进行探讨。

### (一)生态文化负载词

生态文化包括各种动植物、气候变化和地理位置。各个国家因为地理位置、气候变化的不同,对各种事物的喜好也不同。

### (二)物质文化负载词

物质文化负载词是指语言文化中特有的物质产品,如各国独有的食物、衣着等。我国在几千年的历史文化传承中,产生了很多具有独特内涵的物质文化负载词。如"吃醋""乌纱帽"等特定的词语,都具有其独特的指示性质。"吃醋"表示一个人的忌妒心理较强;而"乌纱帽"则代表了一种"权力",在进行这样的词语翻译时,也必须将其独特的内涵翻译出来,以此清楚地向外国读者传递该词语所包含的意义。

### (三)社会文化负载词

社会文化包罗方方面面,如社会习俗、风土人情、宗教信仰等。在我国悠久的历史文化传承中,在社会文化负载词中,最让外国人头疼的应该是我国复杂的人际关系了。例如:"大姨子""小舅子""舅姥爷""姑奶""姑姥",这些复杂的人际关系如果不能翻译明白,就会使外国人无法明白并了解这些称谓,从而产生望文生义的错误。

### (四)宗教文化负载词

在各个国家、地区和民族文化中,宗教文化是其重要的组成部分。在漫长的历史传承中,不同国家、地区和民族都具有不同的宗教传承,如果不能准确理解所翻译国家语言中的宗教教义,就会产生误解,严重时甚至会产生宗教矛盾,从而引发民族问题。因此,在进行宗教文化负载词的翻译时,译者必须准确了解我国的宗教文化,从而更准确地进行翻译,以准确表达出宗教文化负载词应有的含义。

（五）语言文字负载词

在漫长的历史传承中，各国都具有不同的语言文字。以中国的汉字为例，中国汉字中有很多的形意字，讲究形与意的完美结合，这些文字对于外国人来说，在逻辑思维上就存在着较大的差异，使他们无法准确理解这些汉字的意思，如果译者不能准确地进行翻译，就会使他们产生逻辑上的理解偏误，从而造成理解的错误。

### 三、生态翻译学视角下文化负载词的翻译策略

（一）从语言适应性方面进行选择和转换

在生态翻译学视角下，译者要想更好地将我国优秀的传统文化讲述给外国人倾听，使他们更好地了解我国的文化，首先必须从语言的适应性方面进行巧妙地选择和转换。根据当代著名翻译理论家纽马克和奈达的观点，每一个国家、地区和民族的语言及文字都具有自身独特的特点，在翻译的过程中，作为译者，必须尊重一种语言文字独有的特征，不能将一种语言的特征强加给另一种语言，而是将其进行结构的调整，以适应翻译的目的性，从而用另一种语言巧妙地表达出来。

例如：我国的语言中，为了突出表达某种思想，说话者往往会采用"重要的话语说三遍"的形式，采用反复和排比的修饰方法来增强语气和节奏，但在英语中，重复的部分往往会被省略掉。因此，在翻译这样的汉语言句子时，就应该尊重英语语言表达的形式，将重复的部分省略掉，以免译文过于拖沓累赘。再如，"红"在我国总是与"吉利""好运"及"喜庆"相关联，但在英语中，"red"一词却有着截然相反的文化伴随意，通常与"激进""革命"甚至是"血腥"联系在一起。比如说，英语中的"see red"就表示我们汉语中的"火冒三丈"的意思；"to wave a red flag"是表示"惹人生气的事"。因此，在将我国的一些俗语翻译成英语时，应注意英国文化中的一些忌讳，不能直译。

（二）从文化适应性方面进行选择和转换

文化适应性方面的选择和转换，一般是指译者在对语言进行翻译时，侧重于双方语言文化内涵的阐述与传递。也就是说，根据原文化与译文文化在性质上的差异，对原文进行适应性的转换，从而使英语国家的读者理解这句中文真正的含义。

（三）从交际适应性方面进行选择和转换

交际的适应性选择与转换是指翻译人员在翻译的过程中，着重关注谈话双方在交际意图方面的适应性，从而进行选择和转换。在我国，很多文化负载词具有其独特的历史韵味和文化背景，在交谈中运用这些话语，能使语言表达得更加精彩，更具语言魅力。但是在翻译时，因为缺乏相对应的英语词组，采用直译的方法，往往使听者无法理解说话人原本的意思，这就需要翻译人员在保留原语句文化意象的同时，增添一些英语语言中相似的典故，从而让听

者更好地理解。

例如，我国唐代大诗人刘禹锡的诗中有一句"沉舟侧畔千帆过，病树前头万木春"，表达了"永不因挫折而颓废"的乐观主义精神，因此，经常被人们所引用。但这句话直接翻译成英文时就会做这样的表达："A thousand sails pass by the wrecked ship; ten thousand saplings shoot up beyond the withered tree"，但这样无法表达出一种积极向上、乐观的精神，因此，在翻译成英文时，还应在其后面加上"Regardless of difficulties, we will have a bright future."进一步进行解释。再如：2019年1月3日上午10点26分，我国嫦娥四号月球探测器不负众望，成功地在月球背面软着陆。对于外国人来说，他们会很好奇我国的月球探测器为什么会叫"嫦娥"，在回答他们这个问题时，就要谈及我国古代神话"嫦娥奔月"的故事："…in the ancient and beautiful mythologies of china, we have a goddess Chang' e who flew to the moon and became the goddess of the moon."这样一来，就能很好地向外国友人介绍我国的传统文化，使他们正确理解我国的探月飞船为什么都起名为"嫦娥"几号。

习近平总书记说："中国开放的大门不会关闭，只会越来越大。"在这样的背景下，我国与世界其他国家的交流来往会越来越频繁。在交流来往中，文化负载词是进行语言翻译工作中无法避免的一项工作，也是一个亟待解决的难题。本节就从生态翻译学视角下分析探讨了文化负载词翻译的策略，这仅是笔者的一点个人浅见，希望能对相关翻译人员的翻译工作提供参考和借鉴，更好地促进交谈双方的往来。

## 第三节　生态翻译学视角下的英语修辞格翻译

修辞格能够有效地增加语言的丰富程度，并通过提升美感等方式对语言表达具有积极影响。在跨文化背景下对修辞格的翻译是形成翻译文本内在美及情感表达准确的必要条件。其中生态翻译是其中较为有效的一种方式。本节以英语修辞格翻译为基本目标，对生态翻译学在其中的应用进行具体分析，同时探究其内涵的三维原则的具体应用模式。希望通过本研究能够为后续的相关翻译工作提供必要基础与指导。

语言素来有表意、表情等基本功能。按照不同的应用场景，对语言的表达形式要求不一。我们在日常生活中可以口语化的表达"这首歌真好听"，也可以较具意境的评价"此曲只应天上有"。而事实上无论何种表达形式，其内容内涵是相同的，所不同的只是语言系统中的情感的蕴含与文化的积淀。这一现象在英语语系中也十分普遍。究其根本就是修辞格在语言体系中的应用。翻译的过程是通过目标语言对对象语言进行全方位的"再现"，是一种高度的还原，其中能够表达出准确的意思仅能够算作合格，能够表达出准确的情感仅能够算作良好，而真正优秀的翻译要在跨文化的情况下从情感的"形似"升华到"神似"，这才是翻译人员所追求的最终目的。而为了达到这一目的，本节介绍生态翻译学的相关理论，并重点分析其在修辞格翻译中的要求与应用策略，希望能够为提高翻译质量提供必要的理论依据。

在进行翻译实践的过程中，我们需要明晰两个问题。一是何为修辞格。所谓的修辞格又被称为修辞手法或者文本修饰，在实际的语言表达中多有应用。为了便于理解，以汉语为例，其修辞格按照不同的总类大致可以分为比喻、拟人、对仗、押韵、反问等多种形式。而在英语语系中也同样有着对比性修辞结构。从更深刻的角度而言，包括谚语、成语、俗语等均属于修辞格的基本范畴，而由于汉语与英语之间存在不同的文化背景，故而在相同修辞格中所具体表现的形式与使用的词汇存在一定的差异。这就需要翻译人员在深入了解双方文化背景的基础上来予以灵活应对。

二是生态翻译学的相关概念。这一概念由来已久，其中业内公认的概念是胡庚生所提出的翻译适应选择理论，即"译者适应翻译生态环境的选择活动"。简而言之，所谓的翻译过程是指通过语言的对应来形成文化的对应，让读者在阅读翻译语言的过程中能够同等的体会原作作者的思想内涵与表达意境。由于上述理论存在业内翻译环境的普遍认可与相互响应，与生态系统中的自然作用与自然选择有着异曲同工之妙，故而被冠以生态翻译学的相关名称。从这一理论的基本要素角度来看，翻译过程中要充分的考量语言的"生态环境"，即包括文化、语言、习惯、整治等多种条件，在此种背景下，形成有效的对应关系，并形成具有针对性的翻译。

从上述的相关定义中我们不难发现，生态翻译学理论与修辞格的翻译之间具有一定的互动关系与逻辑联系。这一情况为我们在修辞格翻译中应用生态翻译学理论奠定了必要基础，同时也为修辞格的合规翻译提供了可靠思路。

## 一、生态翻译学在修辞格翻译中的三维原则

生态翻译学在修辞格翻译过程中重点是要形成"神似"的最终状态，而这一状态的追求在实际的翻译中常被忽略，更多是存在如下三方面问题：一是过于追求词义的对应而无法形成目标语言的文化拓展。在此类翻译问题中常常基于词汇的原意进行对应性翻译，从而产生词不达意或修辞生硬等问题。二是更多的对修辞形式进行还原，而没有表达出有效的情感。如英语中利用老鼠代表勤劳的比喻，而在修辞还原中同样利用老鼠进行比喻修辞的翻译显然无法在汉语的语境中还原出勤劳的情感。三是忽略了部分"隐藏"的修辞，而使得情感表达过于浅显。对于常见的修辞格，翻译过程中能够得到有效的实现，而类似双关、押韵、对仗、歇后语等"隐藏较深"的修辞格翻译则显得有些力不从心，从而形成了一定的不遵从。

为了有效解决上述问题，基于生态翻译学理论提出了修辞格翻译的"三维原则"，即直译、替换和意译。事实上这也是此种方法在实际应用中的具体步骤。具体而言，在针对一句修辞格相对复杂的语句进行翻译的过程中可以通过如下三种方式来予以实现。一是对语句进行直译，从而找到修辞格应用的主要方式；其次是对其中存在的不合规或者与目标语境文化背景存在冲突的部分进行合规且有限的替换，从而达到更好的表现效果；三是根据原句中的意境进行文本语言意境的修饰，从而使得翻译质量得到显著的提升。

以《傲慢与偏见》中的一句话"It is a truth universally acknowledged that a single man in possession of a good fortune must be in want of a wife"为例。通过直译，这句话可以被翻译为："凡是有产业的单身汉，总要娶一位太太，这已经是举世公认的真理"。此后根据直译的文本进一步分析其中不符合汉语语境的内容。其中单身汉在汉语语境中带有一定的贬义，在此处显然不适用，而产业与真理一词在汉语语境中也稍显生硬。进行合理的替换后，上述句子可以替换为："凡是有身价的单身男子，总要娶一位太太，这是举世公认的道理"。从二者的对比中我们不难发现，经过替换后的语句更符合汉语环境下的语义表达。然而，反复阅读这句话不难发现其所变现出的意境与情感还相对薄弱，这就需要经过第三个环节——意译来进行进一步修饰，最终这句话被翻译为："世间有着这样一个道理——凡身价不菲的单身男子总是缺少一位太太的陪伴"。

### 二、修辞格翻译策略

从上文的分析我们不难看出利用生态翻译学在对修辞格相对复杂的语句进行翻译的过程中具有一定的优势，且存在一定的"进化"特性。而在实际的应用过程中，不同的环节同样具有一定的应用技巧，进一步优化生态翻译学下英语修辞格翻译的合规性，具体内容如下：

第一，在直译过程中。直译的过程虽然产生的语句无法直接应用到目标语境环境中去，也无法形成有效的翻译文本。但是，不可否认的是直译是形成语句结构，形成基本语言信息的重要环节。故而在修辞格的翻译中占有重要作用及地位。在实际的翻译过程中要遵循对原文的忠诚表达。尤其是在不同语境下单词词义的选择过程中更应该投入更大的精力来进行。以上文《傲慢与偏见》的语句为例，针对单身汉的翻译则是对原文的绝对忠诚。此种忠诚在后续的相关翻译过程中也得到了保持，事实上强调男士的单身正是上下文连接以及全文剧情推进与情感表达的基础。这正是对原文的尊重在直译的过程中得以有效的保留。

第二，在替换过程中。替换的过程在一般情况下是对个别词语的替换，这种替换主要考量不同语言环境与文化背景中对相同或者相近情感表达过程中的差异。在此过程中需要注意两个方面：一是替换不可随意而为之，需要对明显不符合表达情景的词汇进行替换。如上文提到的利用单身男子替换单身汉等。另一方面，我们在替换的过程中还需要注意原文语义中的隐藏修辞格。如原文语句"If we don`t hang together, we shall all hang separately"中，hang具有双关语义，既可以代表团结，同时也可以代表绞死，这就形成了一种独特的修辞格。与此同时hang together与后文中hang separately在形式上十分相近，这就形成了英语语系中的对仗。在实际替换过程中我们不仅需要考量相关的语义，还需要对这种"隐藏"的修辞格进行构建。在直译中，目标语句可以被翻译为"如果我们不紧密团结在一起，我们必将被一个个绞死"。而从语句上来进行分析，一起与绞死显然不具备对仗的关系，故而有了替换的必要。经过替换后将其翻译为："我们必须共赴沙场，否则就得分赴法场"。利用共赴与分赴来表达转折关系，利用沙场与法场替换了绞死。

第三，在意译过程中。在意译的过程中需要注意，允许脱离原文而单纯以情感表达为基础的翻译行为,如以唐诗的形式进行表达等。其中包括成语、俗语、古语等翻译均是此种翻译技巧的具体应用。

本节以生态翻译学为基本理论,对其在修辞格翻译中的应用进行研究。首先,对生态翻译学的相关理论进行总结;其次,对其在修辞格翻译中的三维原则进行分析;最后,从翻译实践的角度上对其应用策略进行探讨。希望通过本节的分析为后续的相关翻译工作提供必要基础。

## 第四节　生态翻译学视角下公示语的翻译

随着中国国际化进程不断推进,为国际友人提供准确得体的公示语翻译势在必行。然而,中国目前大部分地区关于公示语翻译的现状并非理想。本节主要通过介绍生态翻译学理论的核心思想和公示语的主要语言特征,为进一步探究目前公示语翻译中语内和语外存在的问题提供一个崭新的视角,继而利用生态翻译学理论,从语言维、文化维、交际维三个角度,对公示语翻译语内方面存在的问题进行深入分析。最终通过三维转换的思想并结合实例,分析如何对公示语翻译进行适应性选择,以得出整合度最高的译文。

随着全球化进程深入到世界各国,中国也在稳步推进其国际化进程。中华丰厚的文化底蕴所散发出来的魅力吸引了成千上万的国际友人叩开中国的门扉。因此,为了尽到地主之谊,公示语的翻译也显得极为重要了。公示语分布于我们生活的方方面面,如道路交通、景区、医疗服务、商业交流、教育培训等。如若我们能为国际友人在华提供准确得体的英语公示语,不仅能最大限度地发挥公示语的效用价值,而且也能给国际友人留下良好的印象,提高中国的国际形象。

生态翻译学作为一种新的研究模式,尝试从生态学的视角去描述和解释翻译过程。该理论强调译者需了解并适应翻译活动所处的生态环境,并从语言维、文化维、交际维三个角度进行选择与适应,从而得到整合度最高的译文。

生态翻译学为公示语的汉英翻译提供了一个全新的视角,让译者能更加全面的分析公示语的翻译,同时该理论也能用于其他领域的翻译,对发扬传播中华文化具有深远意义。

生态翻译学起源于2001年,胡庚申教授在第三届亚洲翻译家论坛上首次提出这个概念。此后,越来越多的学者对生态翻译学产生兴趣并投入到它的研究中。胡庚申教授(2008)是这样定义生态翻译学的,"它着眼于翻译生态系统的整体性,从生态翻译学的视角,以生态翻译学的叙事方式,对翻译的本质、过程、标准、原则和方法以及翻译现象等做出新的描述和解读"。

生态翻译学是一种对译者与翻译生态系统之间的联系进行全面探索的理论。其中有几个基本的概念。一是生态翻译系统,指的是源语与目的语所处的环境,包括语言、文化、交际、社会等方方面面的原文世界和译者所面对的世界。二是适应与选择系统,指的是翻译过程需要经历适应与选择两个步骤,译者先是适应翻译生态环境,再以翻译生态环境的"身份"实施对译文的选择。三是"三维"转换原则,指的是在"多维度适应与适应性选择"的原则下,相对地集中于语言维、文化维和交际维的适应性选择转换。

## 一、公示语的语言特征

公示语是指一种用简洁的文字或明确的图示来为公众提供信息的特殊应用文体,它存在于大众日常生活的方方面面。公示语具有以下两个方面的语言特征:

一是大量使用名词或名词短语来表示具有"静态意义"的信息,如服务、指示、说明性质的信息,这样能直接且准确地显示特定信息(吕和发,2005)。如收费站 Toll Gate、前台 Reception、火车站 Railway Station 等。

二是多用动词、动名词、动词词组或短语来表示具有"动态意义"的信息,来突出限制、强制等功能的信息(吕和发,2005)。这些公示语多具有祈使意义,有时也会使用祈使句让公众直接感受到一种敦促感与互动感。如请勿打扰 Do Not Disturb、注意脚下 Mind Your Steps、请保管好您随身携带物品 Take Care of Your Belongings 等。

## 二、公示语翻译的现状与问题

语外方面。大部分负责公示语翻译工作的人员的业务水平不够高。不难发现,在中国中小型规模及其以下的城市,公示语翻译的质量都不尽人意。何建菊(2011)将这些译文中出现的语法错误、用词不当等归纳为"语言的失当",反映出译者本身英语修养不够格或者并未尽心尽力完成该翻译工作。贺学耕(2006)也曾指出因为公示语标牌制作者不懂英语或者粗心而导致公示语的拼写错误。

政府相关文化部门还未对公示语的翻译工作引起重视。诚然,全国各地大部分公示语都进行了汉英翻译,但是翻译质量不高的最主要原因就是相关部门的监管力度不够。笔者浏览了北京政府网(http://www.beijing.gov.cn/)、北京市文化局网(http://www.bjwh.gov.cn/)、宁波政府网(http://gtog.ningbo.gov.cn/)、宁波文化网(http://zw.nbwh.gov.cn/)等各大网站,均未发现任何板块是关于公示语翻译监管或者相关内容。由此可见,我国尚未拥有较完善的公示语翻译的反馈系统及监察系统,这一点令人担忧。

语内方面。语言维误译。在语言维层面,公示语的汉英翻译存在许多问题,主要有以下几个方面:

①滥用拼音。在调查过程中,笔者发现许多道路标志乃至一些通用标志都直接使用汉语拼音作为其公示语的翻译,例如将"东川路"直接翻译成"DONGCHUAN LU",垃圾桶上的"不可回收"标志直接翻译成"BUKEHUISHOU"等。对公示语的翻译进行这样的处理着实违背了语言维对三维转换中的语言维的要求,即译者要在翻译过程中考虑词法、句法、语法等语言表达形式进而对原语文本进行适应性选择。

②拼写错误。如果我们仔细观察公示语的翻译文本,还会找到许多错误。比如字母缺失、单词拼写错误、大小写书写错误等等。这些五花八门的错误不仅不能给读者提供有价值的信息,

反而会误导他们。

③语法错误。汉语和英语分属于不同分支的语言，因而都有各自不同的语法以及习惯用法。所以，语法错误也是公示语翻译错误中的常见现象之一。其中包括修辞误用、修饰语放置错误、冠词缺失以及动词形式错选等等。

④逐字翻译。逐字翻译是非常常见的中国式翻译手法。某些译者容易将整个文本拆分成一个又一个独立的片段进行翻译，而非将文本作为一个整体进行翻译。例如，有人将"水深坡滑"直接翻译成"Water Depth Slope Slip"，也有人将动车站的出口处"社会车辆"翻译成"Social Car"等等。这样的翻译不仅没有传达出原文想表达的信息，而且也在一定程度上破坏了我国的国际形象。因此，这样的错误应该尽量避免。

文化维误译。在文化维层面，文不对景和术语不匹配的问题尤为突出。文不对景是指在翻译过程中，译者没有考虑到目的语读者的习惯用法与文化传统，产生了让读者觉得不舒服或者困惑的译文。根据刘法公教授与徐蓓佳（2008）曾提出的公示语汉英翻译三原则之"统一"原则可知，公示语提供的是一种信息服务，如若译名不统一且不结合语境，译语可能会让读者接收到的信息大相径庭。

例1："无障碍通道"的翻译

在调研过程中，收集到关于"无障碍通道"主要有三种。

①无障碍通道 Accessible Route

②无障碍通道 Accessible Entrance

③无障碍通道 Wheelchair Accessible

在英文中，"accessible"的意思是"某个地方易于进入的；或者某件物品易于接近的"。而"无障碍通道"这个公示语真正想要表达的是适用于残疾人士轮椅进出的道路。译本①显然有些中式英语的嫌疑，直接想通过逐字翻译来表达，完全忽视语境。译本②语义表达不太全面，不适合所有语境，比较适合放在建筑物的入口。译本③是三个版本中比较合理的，但是并未照顾到目的语读者的感受，而使用了 wheelchair。因此，结合语境且考虑到尊重他人的目的，将"无障碍通道"译为"Obstacle/Barrier Free"较为妥当。

例2："逸夫楼"和"嘉庚路"的翻译

在国内，经常有将一些名人的名字用来命名道路或者建筑，如"逸夫楼""嘉庚路"等，这两个例子通常分别被翻译为"YiFu Building"和"Jiageng Road"。然而，这两位伟大的人物在国际上都有自己约定俗成的英文译名，如"邵逸夫"是 Run RunShaw、"陈嘉庚"是 Tan KhaKee。为了能增加辨识度并实现文化信息传递，在人名翻译的时候，应该与国际上通用的译名保持一致。因此，上面两处的译文应该改为"Run RunShaw Building"与"Tan KhaKee Road"。

术语不匹配也是一个不容小觑的问题，它也可能导致文化维误译。例如，某汽车客运站的"检票口"被翻译成"Boarding Gate"。而"Boarding Gate"通常用于机场的检票口而非汽车站的，可见这里的译者就犯了文化误解的错误。在英国，汽车站的"检票口"经常被翻译成"Ticket Barrier"。在日常生活中，我们也经常看见有人将"眼科医院"翻译成"Eye Hospital"，实际上它对应的术语应该是"Ophthalmology Hospital"。

交际维误译。在交际维层面出现的错误往往会导致译文无法与目的语读者形成一种良性互动，读者不能接收到正确的信息或者在理解方面会遇到一些障碍。例如，有人曾将"售票处"翻译成"T.O."，这种不得当的缩写根本就无法传递过多有价值的信息给读者，由于信息度过弱而无法实现交际的目的，将其改为"Box Office"较为妥当。

相反，将"宾客止步"译为"Guest Go No Further"则语气过硬，会让接受者感觉被命令，让人觉得非常不礼貌，而无法建立起一种愉悦的交流。因此，将其改译为"Staff Only"会达到更好的交际效果，它既表达出原语文本的意思，也用一种礼貌的语气告知读者，让人身心愉悦。

### 三、生态翻译学对公示语翻译的启发

语外方面。政府应该加强对公示语汉英翻译工作的监管，及时建立较完善的反馈系统，收集常见错误并整理出相对权威的公示语翻译范例来统一国内公示语翻译，这样才是最好的解决措施。

同时，从事公示语翻译工作的人员应不断提升自身英语修养，多学习国外优秀公示语案例，可以先通过"借来"措施来提升国内公示语翻译的质量，再潜心研究，创作出具有中国文化特色的翻译范本。

语内方面。语言维下的选择性适应。语言维下的选择性适应要求"译者在翻译过程中对语言形式的适应性选择转换"（胡庚申，2008）。虽然该维度的要求只停留在文本层面，但是公示语汉英翻译的现状表明文本层面的错误已然层出不穷，因此纠正公示语汉英错误翻译应该从最基础的层面抓起。如若公示语的翻译在语义上就没有做到源语与目的语相等效，那么更别谈达到更高的适应选择度了。

在语言维度的要求下，译者要做到适应英语的思维模式并且掌握其语法要点，坚决避免任何低级的拼写及语法错误。同时，在翻译的过程中，不能逐字逐句翻译，应该将文本视为一个整体，争取将原文的中心意思表达出来。例如，"低碳生活绿色出行"被翻译成"Recycle To Cycle"。该译文非常完美地符合了语言维的要求，简洁准确地翻译出了原文的中心意思。

文化维下的选择性适应。文化维下的选择性适应意味着译者需要关注"原语文化和译语文化在性质和内容上存在的差异"，处理好两种语言背景下不同的信仰、价值观、思维模式、道德观等等（胡庚申，2008）。此时，译者不仅需要着眼于语言之间的转换，更需要着眼于文化上的交流与沟通。例如在武汉的地铁公示语评测过程中，美籍专家建议将"珞狮南路"翻译为"South Luo shi Road"而非原来的"Luoshi South Road"，因为在他们国家，道路名称就是把东南西北放在道路名字前面。同时，美籍专家也建议将"凤凰街道办"的翻译改为"Feng huang Subdivision Office"而不保留原来的译文，"Feng huang Sub-district Office"。因为原来的译文他们根本就看不懂是什么意思，"Sub-district"是不存在于他们国家的行政阶层中的。因此，选择 subdivision 作为"街道办"的翻译是个不错的选择。

交际维下的适应性选择。语言是一种重要的交流工具，而交际目的就是使用任何语言的最终目的。因此，贺学耕（2006）曾指出，应将译文读者放在第一位，处处为译文读者着想，要考虑到他们的文化和接受能力，让他们能清楚明白地理解公示语的信息，并按照公示语的要求去做。根据纽马克（1981）对文本的分类，公示语因为具备激起公众的注意力，从而去做一些有利于提高周边生活环境的事情等，所以，公示语属于呼唤型文本（vocative text）。因此，在进行翻译时，应该时刻谨记它的功能，尽量使译文也有等效的呼唤功能。同时，译者也需要适应目的语的生态环境，了解目的语的文化背景和已经习惯的用法，得出更加贴近目的语习惯的译文。例如，在翻译"请勿践踏草坪"可以使用"Please Keep Off the Grass."而非"Don't Stamp on Grass!"这样一来，语气更加有礼貌也符合西方人的习惯用法，会使目的语接受者更好地接收信息。实际上，达到交际维的要求是与前面两种维度的要求息息相关的，因为没有准确的语言及对目的语文化的适应，便不能到达最终的交际目的。因此，这三个步骤缺一不可。

在国际化日益深入的今天，公示语的汉英翻译显得更为重要。公示语是向世界展示中华独有风采的窗口，作为公示语的汉英翻译者任重而道远。为了给外国友人提供更好的在华体验，公示语的汉英翻译还需更上一层楼。政府应当积极跟进公示语翻译后期的普及工作以及反馈工作，从而加快提高汉英公示语的整体质量。译者应当对以上公示语翻译依然存在的错误引以为戒，不断提升自我翻译水平修养。生态翻译学为公示语翻译提供了一扇新窗户，译者应该从语言、文化、交际等维度出发，分析原文和译文所处的翻译生态环境，通过三维转换的思想做出"适应性选择"，以得出整合度最高的译文。

## 第五节　生态翻译学视角下影视剧名翻译

随着中外文化交流的不断加深，国外影视剧越来越多地涌入我国，而某些国产剧近年来在国外也斩获好评。而影视剧名是影视作品的"第一张名片"，成功的译名可以吸引更多的海外观众，所以剧名翻译在中外文化艺术交流中扮演着重要角色。胡庚申教授提出的生态翻译学理论把各翻译研究视角囊括到"一个相对完整的翻译本体生态系统"中，强调译者的主体作用。本节尝试在生态翻译学的"三维"原则即语言维、文化维和交际维的指导下，阐释解读中英影视剧名的译名，为剧名翻译提供一个不同的视角并丰富其内涵。

在坚持文化产业"引进来""走出去"的大背景下，国内外文化交流日益频繁。影视作品作为一个国家社会文化的缩影，折射着当下的社会百态，是文化交流和沟通的一种重要途径，而影视剧名作为影视作品的"招牌"，其翻译的好坏大大影响着海外收视率，以及国际文化艺术交流。"好的译名能够使佳片锦上添花，使中等质量的影片更上一层楼；同时译名本身也给人以美感，起着'导看'的作用"。根据生态翻译学，影视剧名翻译是译者适应其翻译生态环境的选择活动，而影视剧名翻译的生态环境有其特殊性，是一个复杂的综合体，体内各因素相互联动。在影视剧名翻译中，译者要从整体翻译生态环境出发，从语言维、文化维、交际维及美学层面等多维角度进行选择和转换，从而使译名能够适者生存，确保影视剧成功地进入国外市场。本节拟从翻译生态学这一新的视角研究影视剧名翻译中的"三维"转换问题，以期对翻译研究者有所裨益。

所谓生态翻译学 (Eco-translatology)，并不是一个新的独立的学科门类，而是一种生态学的翻译观，或者说是一种生态学的翻译研究途径 (ecological approach to translation studies)。它着眼于翻译生态的整体性，从翻译生态环境 (translational eco-environment) 的视角，解读翻译过程，描述译者与翻译生态环境之间的关系，聚焦译者的生存境遇和翻译能力发展。翻译生态环境指的是原文、原语和译语所呈现的世界，即语言、交际文化、社会，以及作者、读者、委托者等互联互动的整体。翻译生态环境是制约译者最佳适应和优化选择的多种因素的集合。

## 一、影视剧名翻译的翻译生态环境

影视剧不仅是一种文化载体，同时也是一种商品，而优秀的剧名无疑是一部影视剧最出色的广告。影视剧名翻译有异于一般文学翻译、科技翻译，其翻译生态环境有其独特性。其独特的翻译生态表现在三个维度：语言维度上，表达习惯和语言审美等因素的异同；在文化维度上，历史文化、社会心理、信仰、价值观等因素的差异；在交际维度上，传播效果和商业价值等因素。而各个维度和因素并无统一的优先次序，有时无法同时兼顾，需要译者在特定的翻译生态环境内对不同维度的因素进行选择和取舍，以适应其翻译生态环境。所以，影视剧名的翻译生态环境是一个复杂的综合体，影视剧名的翻译往往是译者在各个维度间权衡利弊的结果。

## 二、影视剧名翻译的"三维"适应性选择转换

胡庚申指出，生态翻译学理论提出的翻译方法是侧重"三维"间的转换，即语言维、文化维和交际维的适应性选择转换。以下举例分析了影视剧名翻译中的"三维"适应性选择转换。

语言维的适应性选择转换。语言维的适应性选择转换 (adaptive transformation from the linguistic dimension)，即译者在翻译过程中对语言形式的适应性选择转换。这种语言维的适应性选择转换是在不同方面、不同层次上进行的，包括语言、语码和风格，话语构筑要素，话语和话语束，话语构筑原则，选择之间的共同适应关系。

在语言维度上，影视剧名翻译的生态环境集中表现在源语和译语在表达习惯和语言审美等因素的异同。所以，译者更要充分发挥主体作用，如果直译不符合译语观众的表达习惯，不妨摆脱源语在语言形式的束缚，灵活地实现语言维的适应性选择转换。

中文表达常使用四字短语，善用成语，一来它的平仄变化形成抑扬顿挫的音美，符合中文美感；二来它言简意赅、朗朗上口，也方便记忆和传播，所以它在中文中广为使用，在电视剧剧名中更是如此。所以在将国外影视作品翻译成中文时，译者往往利用四字短语来保证译名的美感和接受度。

例如，英国科幻剧 *Doctor Who*，直译的话，应该是《哪一位博士》，作为影片名，略显

平庸。而《神秘博士》译名符合中文四字短语的表达习惯，更为中国观众所接受，同时"神秘"二字不仅译出了"who"未知的意思，还给观众留下丰富的想象空间。

再如 How to Get Away with Murder，如果直译成《如何逃脱凶杀案》就显得冗长，直接套用四字成语译为《逍遥法外》则更为精练传神。

同类型的例子还有 The Good Wife(《傲骨贤妻》)、Supernatural(《邪恶力量》)、Dexter(《嗜血法医》)、Shameless(《无耻之徒》)、Sense 8(《超感猎杀》)、The Twilight Zone(《迷离时空》)、Castle(《灵书妙探》)、Lie to Me(《千方百计》)、Hung(《大器晚成》)等等。

而英文表达崇尚简洁，英文影视作品通常结构简练、语言直白，大多不超过 5 个单词。在修辞手法上常用押韵，其中押韵主要包括头韵、腹韵和尾韵，以增强剧名的音韵美和节奏感，便于传颂。所以，在翻译国产剧名时，应该考虑到这些因素。

例如，国产影片《杜拉拉升职记》，直译的话，应该是 A Story of Du Lala's Promotion。作为影片名，显得冗长啰唆，过于平铺直叙，缺乏创造性，远不如 Go Lala Go 的译名前后押韵，富有节奏感和音律美。首先，在称呼上，英语国家习惯直呼人名，显得亲切，而 Lala 这个名字朗朗上口，也更容易为英语观众所接受。另外，Go 有前进的意思，既点明了主人公励志的故事，还给观众留下丰富的想象空间。

同样的，将国产剧名翻译成押韵的英文剧名的例子还有很多。比如，押头韵的有 Face To Fate(《布衣神相》)、Vagabond Vigilante(《游剑江湖》)、Best Bet(《迎妻接福》)；押腹韵的有 When Rules Turn Loose(《识法代言人》)，以及押尾韵的 Wish and Switch(《换乐无穷》)、Cupid Stupid(《恋爱星求人》)、Riches And Stitches(《凤舞香罗》)。

文化维的适应性选择转换。文化维的适应性选择转换(adaptive transformation from the cultural dimension)，即译者在翻译过程中关注双语文化内涵的传递与阐释。这种文化维的适应性选择转换在于关注原语文化和译语文化在性质和内容上存在的差异，避免从译语文化观点出发曲解原文，译者在进行原语语言转换的同时，关注适应该语言所属的整个文化系统。

剧名是电视剧剧情的浓缩，蕴含着丰富的信息，尤其是文化信息。受众根据自身的认知系统，通过解读剧名，对电视剧的内容进行预测。由于中外受众所掌握的知识不同、所处的文化背景不同，同样的剧名信息，会引起中外观众在认知层面上的差异。这就是当影视作品剧移植国外土壤时，往往会出现"水土不服"的现象的原因。

所以，译者在翻译过程中要"关注双语文化内涵的传递和阐释"。由于原语和译语文化背景截然不同，在翻译剧名的过程中，译者应当考虑到底是选择保留原文文化内涵，采用异化手段；还是采用译语中相对应的文化意象进行替代，进行归化转换。

国产电视剧《金粉世家》讲述了一代豪门家族从兴盛到衰弱的故事。随着古代封建集权的发展，人们形成了"黄为贵"的传统观念，黄色和金色被称为正统之色，大多数朝代黄色和金色都为皇亲国戚专用，表示高贵。然而，若选择直译，金和粉在海外无法产生同样的效果，于是译者选择舍弃原文的形式，进行意译，表达出该家族的尊贵，故译为 The Story of Noble Family。

以国产剧《甄嬛传》《武媚娘传奇》《琅琊榜》为代表的古装剧，常以中国古代人名或者地名为剧名，然而这些名字往往对国外观众来说是知识盲点，如果将地名音译则无法让外国观众接受，那么就不如根据剧情进行意译，比如，《甄嬛传》的译名为 Empresses in the Palace，《武媚娘传奇》的译名为 The Empress of China，而《琅琊榜》的译名为 Nirvana in Fire，即火中涅槃，概括了该剧的主要剧情，隐喻剧中主人公梅长苏背负着冤案和血海深仇，最后顺利平反冤案、成功扶持新君。Nirvana 一词是佛教用语，由梵文音译而来，意为涅槃重生，脱胎换骨。用这个词作为剧名，海外受众可以有效解读信息，并能体验到东方异域风情，保留了其文化内涵。

交际维的适应性选择转换。交际维的适应性选择转换 (adaptive transformation from the communicative dimension)，即译者在翻译过程中关注双语交际意图的适应性选择转换。这种交际维的适应性选择转换，要求译者除语言信息的转换和文化内涵的转递之外，把选择转换的侧重点放在交际的层面上，关注原文中的交际意图是否在译文中得以体现。

在交际维度，影视剧名翻译的生态环境集中表现在源语和译语在传播效果和商业价值等因素。交际维的适应选择转换，即译者在翻译过程中关注双语交际意图的适应性选择转换。这种交际维的适应性选择转换，要求译者除语言信息的转换和文化内涵的转递之外，把选择转换的侧重点放在交际的层面上，关注原文中的交际意图是否在译文中得以体现。不同的影视作品面向的受众不同，不同受众也对不同的影视题材感兴趣。如果译名能吸引相同的目标观众、达到相同的传播效果、发挥相同的商业价值，就达到了交际的意图。

例如，大热律政美剧 The Good Wife(《傲骨贤妻》) 的衍生剧 The Good Fight(《傲骨之战》)，其命名也与前者保持高度一致，沿用了前者剧名的前两个词，吸引前者的观众观看此剧，而中文译名也巧妙地保留了前者中文译名的前两个字"傲骨"，同样吸引了国内前者的观众，不但传递了原名的信息，也达到了与原名相同的目的。

同样的例子还有国产古装剧《甄嬛传》大热后，其原班人马打造的同一系列的《芈月传》又掀起另一波热潮，其译名是 The Legend of Zhen huan，直译了前作主人公的名字，使人了解到这是《甄嬛传》同一系列的影视作品，可以借前作的热度直接圈粉海外观众，这部剧同样在国际上也复制了国内的成功。

古人有云："赐子千金，不如教子一艺；教子一艺，不如赐予好名。"影视作品作为中外交流的文化使者，其剧名的重要性不言而喻，剧名翻译对文化交流和传播有着重要的意义，这是中外影视行业一致认同的观点。译者应该承担起自身应有的责任，在复杂的影视剧名翻译生态环境内，对于不同维度的因素进行权衡利弊，不仅要注意语言层面上的转换，还要实现文化内涵的传载和交际意图的传递。"中华文化能否走出去，能走多远，走出多少在很大程度上取决于翻译工作的力量。"翻译工作任重道远，我们要在引进海外影视剧、吸收国外优秀文化成果的同时，增强国产剧的国际影响力，才能更好地让我们的文化产业"引进来""走出去"。

# 第六章　生态翻译学视角下的文化翻译研究

## 第一节　生态翻译学视角下的传统文化元素翻译

"生态翻译"是由胡庚申教授于21世纪初提出的，这一理论一经提出就受到当今翻译界的广泛关注，尤其是受到翻译家的关注。胡教授提出，生态翻译学是一种立足于翻译生态整体主义的学说，从生态学的角度对翻译的本质、标准、原则和方法等加以分析和研究，从语言维、文化维和交际维三个方面，对翻译现象做出符合自然科学与社会科学的解读。

生态翻译学认为"翻译是译者适应翻译生态环境的选择性活动"。翻译的过程是译者对翻译生态环境的"适应"和翻译生态环境对译文的"选择"。这一学说提出了语言维、文化维、交际维"三维转换"的翻译方法。语言维层面的翻译研究多从用词精准度和语言形式方面对原文和译文进行分析和阐释；文化维层面的翻译研究目的是诠释并传递双语不同的文化内涵；交际维以实现交际意图、使译语读者产生与源语读者相近的阅读感受为最终目的。该理论运用"三维转换"的翻译方法，要求译者在翻译过程中，在考虑到生态翻译学的三个维度的基础上，对译文的词汇、语言风格、文化元素传递等进行适应性选择。

从生态翻译学的角度阐释中国传统文化元素的翻译，一方面打破了简单的双语转换模式，使翻译不仅仅停留在语言层面，而是涉及社会、文化、交际等多个方面，符合中国传统文化翻译的要求；另一方面，从生态翻译学的角度阐释中国传统文化元素的翻译，为译者提供更多可供选择的翻译方法，译者通过对翻译方法的适应性选择，能够拓宽翻译视角，突出译者在翻译过程中的主体性作用。

### 一、中国传统文化翻译存在的问题

中国传统文化的表现形式多种多样，包括各民族的价值观、风俗习惯、思维方式和行为方式等方面。中国传统文化素以人为本位，重视伦理道德始终贯穿于中国传统文化的发展过程。中华民族有五千年的文明历史，光辉灿烂的中国传统文化哺育着华夏人民，福及整个人类，是中国乃至整个世界的精神财富。

翻译的过程，从某种程度上说，就是诠释文化内涵、缩小文化差异的过程。早在20世纪，卡撒格兰德就说过，"译者并不是在翻译语言，而是在翻译文化"。因此，翻译中译者要尤其注意文化信息的传递。然而，一个民族的文化是历经成百上千年的长久积淀和传承而形成的，虽然全球经济一体化的大趋势使得全球文化也呈现一体化，但是世界各地文明在这一趋势下仍然保持着各自独有的特色，这些独有的特色表现在宗教文化、社会风俗、政治制度、经济制度、流行元素等多种方面。

文化层面的差异难免会造成交际上的障碍。翻译家王左良先生认为："翻译的最大困难就在于两种文化的不同。"正是由于历史文化的差异，中国传统文化元素的英译，存在诸多问题，以下两个问题表现尤为突出。

文化空缺。文化空缺是指一种语言所负载的文化信息，在另一种语言中找不到对应或相近的表达。众所周知，语言是文化的载体，文化差异直接造成两种语言特点的不同。英汉两种语言存在巨大差异，从而形成了各自独特的表达风格。不同的文化用不同的语义范畴分解和描述世界，一种文化里有的语义在另一种语言里可能就不存在。

中国的传统文化以道家、法家、儒家为核心精髓，历经数千年演变，具有独特的历史背景、宗教文化和社会习俗等。但是，有关古文、对联、典故、歇后语、中医、儒家学说等民族文化性强的传统文化元素，在英译时几乎找不到对应的准确表达，当然也就没有可供译者直接套用的译法，这就造成了中国传统文化元素在英译中的缺失，阻碍了社会文化信息乃至中华文明的有效传播。例如，歇后语的英译就反映了文化缺失的问题。歇后语是汉语中一种特殊的语言形式，其特点是句子短小、风趣和形象。它一般将一句话分成两部分来表达，前一部分是隐喻或比喻，后一部分是对其意义的解释。通常情况下，说出歇后语的前半句，听者就能猜测和领会其内涵。例如，"哑巴吃黄连——有苦说不出"，其中，"黄连"是中医中的一种药材，在英语中找不到对应的表达，若选择意译法，直接表达其内在含义，译成"unspoken bitterness"则不能突出其语言形式和字面意义，不能准确传达其在汉语中的寓意。若选择直译法，译成"a dumb person tasting the rhizome of Chinese goldthread--suffering humiliation"，译语读者由于不够了解中国文化，没有黄连味苦的常识，也难以理解其真正寓意、体会语言的精妙之处。事实上，几乎所有利用谐音和引申意的歇后语都是不能翻译的，如"小葱拌豆腐——一清（青）二白"（利用谐音），基于中英文属于不同语系，译语读者没有小葱色青的常识，又不理解"清白"一词的含义，因此诸如此类利用谐音的歇后语译为英文完全不能传达其本意；又如"黄鼠狼给鸡拜年——没安好心"（利用引申），译语读者由于不了解中国人家喻户晓的黄鼠狼给鸡拜年的故事，不能理解其引申义，因此也不能领会其真正含义。此外，中国文化中的阴、阳、天干、地支、五行、皇历等许多传统文化元素，在英语中都没有对应的表达。正是这种文化空缺，给传统文化的英译带来了困难。

过多使用归化策略。在翻译中，相较于异化策略，归化策略能更好地避免文化冲突，满足译语读者的文化认知。但是，文化翻译是一种文化互动而不是简单的同化。在翻译中国传统文化元素时，为了避免不同文化发生冲突而顺应英美文化，不加分析、过于频繁地使用归化策略，是目前中国传统文化翻译中的另一个问题。如果不做细致考究就使用归化策略，不仅扭曲了客观事实，而且会加深读者对中国传统文化的误解，不利于中国传统文化的传播和发展，这种做法在翻译中国传统文化元素时是不可取的。

由于东西方文化的差异，中国传统文化元素的英译存在种种问题，这给译者带来了很多困难。但译者如果在熟知源语文化和译语文化差异的基础上，选择适当的翻译方法，根据源语和译语不同的语言表达习惯灵活运用翻译策略、翻译技巧等，是能够克服文化方面的障碍并在译文中找到较准确表达的。

## 二、生态翻译学对中国传统文化元素翻译的启发

现有的对中国传统文化元素翻译的研究多拘泥于对中西方语言和文化方面的对比，而生态翻译与之不同，旨在从一个新的视角进行研究，是译者交替的进行选择性适应和适应性选择的过程。

语言维层面。语言维的适应性选择转换即译者在翻译过程中对语言形式的适应性选择转换。这种语言维的适应性选择转换是在不同方面、不同层次上进行的。中文和英文在语言层面有很多差异，例如，中文是动态性语言，善用动词，而英文是静态性语言，善用名词；中文多用短句且用标点符号，英文善于用长句，不注重标点符号的使用。汉英语言有诸多不同，因此，在翻译中语言维的适当转换是必不可少的。

例1：对"先秦时代"一词的翻译，"Pre-Qin Dynasty"这一译法最常见，然而，笔者认为，这一译法的准确性有待商榷。众所周知，秦朝是中国历史上第一个统一的朝代，中国在秦之前，是没有朝代的，因此，"dynasty"的使用没有根据具体情况进行语言维的转换，而把"先秦时代"译为"Pre-Qin Days"则更加精确。可见，译者对词汇的选择调整，即语言维的转换，能够提高译文的准确性。

例2：许渊冲先生把《江雪》中的名句"千山鸟飞绝，万径人踪灭"译为：From hill to hill, no bird in flight; from path to path, no man in sight. 原诗中"千""万"的应用突出了数量之多，并非实指。译文成功折射出原诗中的语言特征，并没有拘泥于数字的生硬翻译，完整体现了原诗的含义。汉语中含有模糊意义的数词广泛应用，虽表示数量，但非确定的数目，更多的情况下是一种夸张或比喻的修辞手法，通常表示数量之多，这些词的使用给人凝练生动、生辉添色的感觉，起到言简意赅、渲染气氛的作用。在中国传统文化中，类似数词虚指的情况还有很多，例如，《论语》中的"三人行，则必有我师"和《望庐山瀑布》中的"飞流直下三千尺，疑是银河落九天"等，这两句诗中，数字"三"均为虚指，表示数量多，在翻译时应格外注意理解这些词的真正含义。此外，原诗为五言绝句，读起来朗朗上口，自然流畅，译文中灵活运用了尾韵(end-rhyme)，使句子显得更加抑扬顿挫，尽显韵律美。古诗是中国传统文化表达形式之一，其特点是平仄对仗，句子整齐。由以上分析可见，在翻译中国传统文化元素时，译者进行语言维层面的适应性选择转换时既应注意语言层面的转换又应兼顾语言形式的转换。

文化维层面。文化维的适应性选择转换即译者在翻译过程中关注双语文化内涵的选择与阐释。源语文化和译语文化在性质和内容上存在的差异，避免从译语文化观点出发曲解原文，

译者在进行源语语言转换的同时，应关注适应该语言所属的整个文化系统。在翻译中国传统文化元素时，译者应把关注点放在如何向译语读者传递中国文化和中国特色上。

例3：十二生肖是中国传统的民俗文化之一，十二生肖包括鼠、牛、虎、兔、龙、蛇、马、羊、猴、鸡、狗、猪。其中，"龙"在中国传统文化中象征着吉祥、发达和喜庆，象征着中国人的奋发精神，人们把中国文化称为龙文化，中国人是龙的传人。但英语中"dragon"一词含有恶兽、邪恶的意味，如英语中的"dragon lady"表示"凶悍的女人、母老虎"。将中国的龙译成"dragon"，容易使不了解中国文化的读者把汉语中"吉祥的象征"理解成"凶猛的恶兽"或"称霸的野心"，明显曲解了中国文化，也和中国一贯奉行的和平自主的外交政策南辕北辙。因此，许多译界研究者们建议改变这一译法，如把"龙"译为 long、long、Chinese dragon 等，笔者更倾向于选择 Chinese dragon 这一译法。首先，Chinese dragon 保留了 dragon 这一约定俗成的意象，读者很容易领会其语言含义；其次，也传递出"龙"是指中国龙，不同于西方"dragon"的含义，提醒读者关注中西方文化的不同。这一译法既起到达意的效果，又传递了中国文化，有利于中国文化的传播，避免了"dragon"一词让人感觉邪恶、凶狠，产生负面作用。

例4："怡红院"是《红楼梦》中贾宝玉的住所，是大观园中主要建筑之一，在《红楼梦》中多次出现。对于"怡红院"一词，杨戴伉俪和 Hawkes 给出了截然不同的译本，杨戴伉俪将其译为"Happy Red Court"，而 Hawkes 的翻译是"The House of Green Delights"。众所周知，红色在中国文化中蕴含喜庆、爱情、吉利等美好寓意。而在西方文化中，红色则代表警告、暴力等不详之兆，但是绿色的含义却和汉语中的红色差不多。因此，Hawkes 将"怡红院"译为"The House of Green Delights"，既在适应中国文化的基础上选择了归化翻译策略，又成功传递出原文的文化内涵。

由此可见，在翻译中国传统文化元素的过程中，既要注意中英文在语言层面的选择性转换，又要注意中西方文化间差异的处理，尽可能地保留中国文化特色。

交际维层面。交际维的适应性选择转换即译者在翻译过程中关注双语交际意图的适应性选择转换。这要求译者把选择转换的侧重点放在交际层面上，关注原文中的交际意图是否在译文中得以体现。准确把握交际维的适应性选择转换，要求译者深刻洞悉语言的深层含义，在准确传递源语语言和文化信息的同时，使读者产生与源语读者相同或相近的感受和预期反应，达到准确沟通和交流的目的。

例5："有朋自远方来，不亦乐乎？"，出自《论语·学而》，这句话的意思是有志同道合的朋友远道而来(一起探讨、学习)，不也快乐吗？现代这句话常常被用来表示对远道而来的朋友的欢迎，也表示老朋友见面很开心。目前，《论语》有三个较为权威的翻译版本，对这一句的翻译分别是：

理雅各的译本：Is it not delightful to have friends coming from distant quarters?

Arthur Waley 的译本：That friends should come to one from afar, is this not after all delightful?

刘殿爵的译本：Is it not a joy to have like minded friends come from a far?

一方面，比较上述三个版本对于"朋"字的翻译。其中，刘殿爵的译本用"like minded friends"突出强调了"朋"指的是志同道合的朋友，更贴近原文实际含义，有助于译语读者对这句话的正确理解。另一方面，近年来"有朋自远方来，不亦乐乎？"常常出现在领导人欢迎外国来宾的欢迎词中，以此来表现中国热情好客的传统美德。这种情况下，上述翻译版本反而啰嗦拗口，不能准确地传达原文信息。此时，将这句话译为"Welcome to China!"就能传神达意，准确生动地表达对外国友人的欢迎，在交际维层面更明确地体现了交际意图。

例 6：传统节日的形成是一个民族传统文化长期积淀的结果，传统节日文化是中国传统文化的重要构成要素之一。中国的传统节日包括春节、清明节、端午节和中秋节等，其中，"清明节"的翻译常见的有两个版本，分别是 Qing Ming Festival 和 Tomb-sweeping Day。The Qing Ming Festival 采用音译法，向读者传达了清明节是一个节日，而 The Tomb-sweeping Day 采用意译法，向读者传达清明节在中国文化中是扫墓的日子。笔者以为，两个译本都没有准确传达出"清明节"的文化内涵。众所周知，中国文化中清明节是最重要的祭祀节日，是人们祭祀祖先和扫墓的日子，而西方国家对中国文化的了解不够全面，以上两种译法恐怕不能取得和原文相同的交际意图。如果采用音译加注的方法，译为 Qing Ming Festival (the day of tomb-sweeping and mourning for the dead)，通过注释表达了其蕴含的中国特色，使读者对清明节文化有所了解，则达到了准确交际的目的。

基于以上探讨，生态翻译学对中国传统文化元素的翻译具有很强的解释力。生态翻译学指导中国传统文化元素翻译，首先要在语言维、文化维、交际维三维层面做出适应性选择，进行选择性的"保留"或"淘汰"，从而找出最恰当的翻译方法。生态翻译学指导中国传统文化元素的翻译有助于中国传统文化的对外传输，维护汉语及中国文化在世界的地位，增进中国与世界其他国家和地区之间的相互理解，促进全球语言系统的整体平衡。

# 第二节　生态翻译学视域下的《论语》英译

《论语》被誉为中国儒家经典著作，体现了中国传统文化的精髓。生态翻译学理论是由中国学者首次提出的具有中国本土化特色的原创性翻译理论，为翻译研究提供了新视域。文章以生态翻译学为指导，从语言、文化、交际三个维度探讨《论语》的英译。

## 一、《论语》——儒家经典著作之一

《论语》辞约义富，是儒家经典之一，成书于战国前期，共有 20 篇 492 章。主要记录孔子及其弟子的言行，以语录体和对话体为主，叙事体为辅。其内容博大精深，涵盖方方面面，体现了孔子的政治主张、文学美学、哲学观点、伦理思想、道德观念、教育原则和功利价值等等。《论语》的主要特点是语言简练，用意深刻，有一种婉约含蓄的风格，语言通俗易懂。

《论语》中蕴含的深刻哲理浸透到中国两千多年的国家体制、社会习俗、心理习惯和行为方式中，是中华文化的源典。《论语》在西方流传已有 300 余年历史，对西方文化产生了深远的影响，孔子本人也被推崇为世界十大思想家之一。本节拟从生态翻译学的原生态"依归"视角，对《论语》译本中的翻译策略进行分析。

## 二、生态翻译学——从生态视角综观翻译的研究范式

2001 年，中国学者胡庚申提出了生态翻译学这一翻译新理论，从生态学的角度来探索翻译。把翻译定义为译者对翻译生态环境的适应与选择。译者是翻译过程的中心，决定如何呈现源语言，如何选择改编目标语篇的形式。翻译的过程分为两个阶段：第一，翻译生态环境"选择"译者；第二，译者选择或决定最终目标的形式文本。在第一阶段，译者必须根据翻译生态环境来选择，根据不同的情况有不同的标准。在第二阶段，译者根据自己的判断来决定最后的各种文本因素，如文化、语言和交际效果等。

在翻译过程中，译者必须做出成千上万次的选择和决定以适应其他文化和不同的编辑出版，最重要的一点是要适应读者或观众。一个给定的源文本可以被翻译成各种各样的目标文本，以便适应不同阅读群体的需要。译者必须选择最合适的词语来表达原文，考虑到不同的阅读群体及其文化背景、教育水平和理解能力等。在生态翻译学中，译者必须适应翻译生态环境，但这并不意味着译者必须适应所有的因素。生态翻译学的多维适应性选择，指译者从语言维度、文化维度和交际维度等适应翻译生态环境。生态翻译学作为一种新的翻译理论，给译者带来了新的视角，探讨了翻译的本质、过程、原则和方法等等。翻译时依归于原语生态，大多表现为在翻译过程中的高度异化处理；而所谓高度异化处理，实际上就是译者高度地适应原语翻译生态环境。依归于译语生态，大多表现为翻译过程中的高度归化处理；而所谓高度归化处理，实际上就是译者高度地适应译语翻译生态环境。

## 三、生态翻译学指导下的《论语》翻译

在翻译中国古典文学时，译者首先要考虑语言层面的适应性选择，并做出必要的多维选择根据原文的不同风格和形式进行转换。其次，译者应关注文化层面的转换，关注源语与目的语在形式和内容上的差异。倘若不从目的语文化的角度进行思考，会导致对原文的歪曲和误解。最后，译者要了解中国古典文学的传播意图，注重文化层面的选择性转换，以传播、阐释和弘扬中国文化。因此，译者应尽量从以下三个维度对《论语》进行适应与选择。

语言维度。语言维度的适应性转换凸显了"译者的翻译过程中语言形式的适应性转换"。在将原文翻译成目标语时，译者应注意词汇、词类、句子结构等的转换，这种语言形式的适应性选择转换体现在不同方面与不同层次。在翻译过程中，译者可以根据不同的情况对句型和词语进行适应转换。最终目标文本归功于翻译人员对翻译生态环境及其自身能力的适应。《论语》作为一部著名的白话集，它用简练而深刻的语言记录了孔子的言说和思想，主要由谈话和对话组成，具有明显的口语风格。

因此，在翻译过程中，把握原文的口语特征是非常重要的。《论语》是中国的经典，里面有很多古汉语词。良好的中文古汉语功底对于翻译者理解中文的含义非常重要。《论语》

中这些难以理解的词汇和句子要求翻译人员对中文和英语理解透彻，才能在两种语言之间进行适当的转换。语言是翻译生态环境最基本的组成部分，因此译者在适应翻译生态环境时，首先应适应语言维度，在语言层面上达到生态平衡。《论语》是一部杰出的中国经典著作，由于当时还没有白话文，论语是用古代汉语写的。有时，一个古老的单词具有许多不同的含义。《论语》中修辞用法也很常见，如明喻、重复、平行等。阅读《论语》可以带给人们轻松自然的氛围，但有些话仍然让人感到困惑。对于译者来说，进行准确的翻译是一个挑战。所以从生态翻译学的角度来看，译者应该做的是适应与选择生态环境，实现生态平衡。有学者曾经整理得出"仁"在《论语》中出现频次有110次之多。在翻译"仁"时，译者需要根据相应的语境语体给出了不同的翻译，如："altruism" "authoritative conduct" "benevolence" "charity" "character" "compassion" "good" "goo dness" "generosity" "human-heartedness" "human ity" "kindness" "love" "magnanimity" "perfectvir tue" "true mankind" 等等。

文化维度。语言是文化的载体，译者应根据语言所承载的文化内涵进行诠释和传递，并根据不同文化之间的差异进行适当的转换。人们的想法受自身文化观念和文化环境的影响。文化差异可能在跨文化交流中引发文化冲突和误解。因此，翻译人员必须充分地了解源文本和目标文本的文化背景。因此，翻译人员必须在文化方面进行有意识的适应和选择，以适应翻译生态环境。在《论语》中，有许多文化概念和图像，所以从文化角度分析《论语》很有必要。《论语》中充满了哲学的智慧和思想。儒家思想不仅可以改善人的精神境界，而且可以创造人与人、自然与国家之间的和谐氛围。孔子提出了很多文化概念，如仁、礼、义、孝等等，这些文化观念有着丰富的文化内涵。《论语》的核心思想是"仁"，但并非所有的"仁"都有相同的含义。它可以指执行仁慈的事情，也可以指仁爱等。"仁"是儒家思想中最高道德的整体特征。成为一个真正的仁慈的人很难，但是每个人都可以在日常生活中的小事上表现仁慈。两种文化在交流时会产生一些误解或是扭曲。在翻译时，翻译人员尤其要注意不同的文化背景，并尽力解决它们之间的文化冲突。一个国家的古典文化形象常常来自其文化经典。《论语》作为一个代表中国最著名和最具代表性的经典，是中国传统文化的精髓。翻译时，可以综合运用多种翻译方法和技巧，实现文化维度的转换。《论语》第九篇中的"凤鸟不至，河不出图，吾已矣夫！"涉及一个内涵丰富的文化典故。"凤鸟"在中国文化生态中，"是吉祥和谐的象征，和麒麟一样代表祥瑞之兆，此外还象征君子"。而在西方文化生态中代表"永生，自焚为灰而再生的凤凰"。因此，译者在翻译时要聚焦语言文化生态，若仅将之译为 phoenix，不能很好地传达孔子对圣明君主不至的慨叹。

交际维度。从交际的角度来看，译者在翻译过程中需要注意交际目的的实现。作为原文与读者之间的桥梁，翻译能否被读者理解和接受，很大程度上取决于译者。所以，译者应适应原语背后的交际意义，特别是当原文内容与交际效果发生冲突时，可以着眼于交际层面，注重交际效果。生态翻译学认为，翻译在语言层面更加注意文字语言，在文化层面更加重视情境效果；在交际层面更加重视交际意图。除了转换语言信息和文化内涵外，交往维度中的适应和选择是指译者强调交际水平，注重实现交际目标。因此，《论语》的翻译过程不仅仅是语言符号的转换，更是逻辑关系的转换。两种语言、两种文化之间的转换甚至冲突，要求译者调整思维方式，达到与原文相同的交际目的。每一部经典作品都有其独特的传播目的，没有沟通目的的任何信息都是无用的。因此，译者应了解其翻译的交际目的，并采取适当的翻译策略。实现《论语》中的沟通目标是一项具有挑战性的工作。如果翻译者可以尽他们最大的努力实现沟通目标，那么翻译在交际中就可以称为好翻译。《论语》英译有助于更多的西方人更好地理解《论语》，理解儒家思想和中华文化。作者将提供一些示例进行分析能达到交际目的英文版，可以发现翻译如何实现沟通目标。子曰："何以报德？以直报怨，以德报德。""道"是中国哲学中的一个重要概念，在《论语》中多次出现。中国人很熟悉这个词，但在英语中没有对等词。译作"good turn"，使译文接近原意，更能实现交际意图。

《论语》是中国传统文学的著名代表作，与其他中国经典著作有许多共同之处，从《论语》的翻译探析中国古典文学翻译中的翻译策略技巧，有利于外国读者了解和学习中国文化，有助于中国文化的海外传播。希望以上研究能在一定程度上为生态翻译理论的进一步研究做出贡献，为中国古典文学的翻译实践提供更好的理论指导。希望对弘扬中华文化，展示东方智慧的宏伟目标有所帮助。

## 第三节　生态翻译学视角下的中原典故英译

习近平总书记在党的十九大报告中指出，要"推进国际传播能力建设，讲好中国故事，展现真实、立体、全面的中国，提高国家文化软实力"。特别是随着"一带一路"倡议的部署和郑州航空港经济综合实验区及中国（河南）自由贸易试验区的建设，为河南的国际化水平进一步提高提供了方向和基础。在这样的机遇下，讲好中原故事，向全球推介河南，是向世界宣传河南、提高河南文化自信的重要举措。

### 一、中原典故

典故是传承中国传统文化的载体之一，蕴含着中华民族厚重的历史、价值取向，及中国人民的智慧。"典故"在《辞海》中的定义是：诗文中引用的古代故事和有来历出处的词语。也就是说，典故可以是古代故事（事典），也可以是有来历出处的词语（语典）。中原，又称中土、中州、华夏，是指洛阳至开封一带为中心的黄河中下游地区，狭义上指今天的河南省。作为中华民族文明的发祥地，在历史的长河中流传下来很多耳熟能详的典故，如守株待兔、愚公移山、众志成城、郑人买履、洛阳纸贵等。这些典故蕴含了深刻的道理，现如今仍旧活跃于人们的日常交流、书籍杂志、影视作品、新闻媒体之及旅游景点之中，中原典故翻译的质量直接影响了河南外宣的效果。

在现存的中原典故翻译研究成果中，有采用归化、异化策略的，有目的论视角的，有基于文本类型理论的，有模因论视域的，有生态翻译学视角的。其中，从生态翻译学视角研究中原典故翻译的数量整体不多。其中，宋海英从生态翻译学角度对中原传统文化典籍的翻译现状进行了研究，并进行了对策分析。刘立胜发表了《中原文化典籍英译与人才培养研究》一文，探讨地方高校典籍英译人才课程设置及培养模式，以便在海外推广区域典籍文化，提升我国的文化软实力。王园园从生态翻译学视角探索成语翻译的规律。其他也有在生态翻译学视角下对非物质文化遗产、河南省小吃、中式菜肴、河南省红色文化资源等进行了研究。生态翻译学已经是被广泛接受的翻译策略，但从现存的成果来看用在典故翻译上的研究目前还很匮乏。

生态翻译学是基于达尔文"适应/选择"学说，在国内由学者胡庚申教授在2004年首次提出。该理论着眼于翻译生态系统的完整性，认为翻译是"译者翻译生态环境的选择活动"，提出"译者为中心"的观点，强调译者的主观能动性，译者想要把翻译做到最佳，就要从"语言维""文化维""交际维"多维角度适应生态环境，并对译本做出适应性选择，最终创造出"整合适应选择度"最高翻译。译者的适应包括译者对翻译生态环境中的原语、译语及语言所处的文化和社会的适应。生态翻译学强调和谐与平等，重视文化本来的发展规律，将体现原文本内涵作为翻译的目的，从而促进文化的平等交流和传播。

典故充分彰显了中华民族五千年的悠久历史文化，把其中蕴含的中国文化传递给外国读者，就需要译者发挥其主观能动性，从语言、文化、交际三维视角出发，在翻译过程中不断地进行适应性选择和选择适应，实现原文本和译语文本的平衡一致，从而创造出"生态化"的译文。

## 二、生态翻译学在中原典故英译中的应用

生态翻译学认为翻译的过程就是不断地选择与适应的过程，要灵活地选用翻译方法，从而缩小原文与译文的差异。我们在翻译过程中，不只需要单一的翻译技巧，而是多种技巧叠加在一起才能表现原文的丰富内涵和寓意。有时需要直译、有时需要意译、有时需要音译加注释的方法等，有时是几种译法结合在一起。通过灵活运用各种翻译方法，尽量保证原文的文学价值，发挥典故原有的魅力。

生态翻译学理论适应于典故的翻译，对中原典故的翻译必须以译者为中心，全面熟悉中西文化差异，准确把握原作思想内容，充分考虑源语言的生态环境，从语言、文化、交际三维视角出发，多维度适应生态环境，并对译本做出适应性选择，反复推敲译语表达，使中原典故在西方语言环境中得到更充分的传输和更广泛的流传。

### （一）语言维的适应转换

语言维转换指译者在翻译过程中对语言形式的适应性选择转换，即译者对语言形式进行转换，以便更好适应译入语的生态环境。中国语言和西方语言属于不同语言体系，承载着不同的文化。两种文化的差异必然导致在语言表达上的不同，即汉语重意合，重篇章的整体统一，对称平衡，而英语重形合，强调句式结构的严谨。

生态翻译学主张的生态翻译方法之一就是强调译者在语言维的适应性选择转换，即译者对源语言形式进行转换，以适应译入语言的特点。由于典故本身和现代汉语有很大不同，和英语的区别更大，这就要求在翻译时首先要明确其现代汉语意思，再根据英语语言的特点翻译成意义上和形式上相对应的英语。

例1. 在愚公移山的典故中，有这样一段话"在冀州的南面，河阳的北面，有两座巍峨的大山，一座是太行，一座是王屋，方圆七百里，有万丈高"。这句话充分显示了汉语讲究对仗、重意合的特点，但翻译成英语就要深究句子的逻辑关系，弄清楚句子的整体框架，然后使用严谨的句式，将暗含的逻辑关系清楚地表达出来。甚至要根据需要将原句分成若干短句，综合运用几个句式来表达。回到这句话，经过分析发现整句话是在表述某个地方有什么事物，那么大的框架要运用"there be"句式。另外，根据英语句子重形合的特点要将原句暗含的逻辑关系表达出来，根据需要还要调整顺序，使译文更加统一完整。再者，要注意原文所暗含的实和虚，如果是虚的东西就更要避免逐字翻译。按照以上原则，"方圆七百里"的位置要进行调整，"有万丈高"运用了夸张的手法来表现出山非常的高，因此，"万丈"是虚词，不必译出。综上，本句可翻译为："there were two high mountains between Ji zhou in the south and He yang in the north, with a radius of seven hundred miles. One was called Tai hang Mountain and the other Wang wu Mountain. Both of the mountains were very high."

例2. 唇亡齿寒，以上海某电气设备制造企业分布式储能项目为例，对分布式储能项目的应用需求、技术方案、运行策略、项目经济性进行分析，为类似项目提供借鉴参考。

这句典故来源于三门峡市，意思是唇没有了，牙齿就寒冷，比喻双方利益息息相关，荣辱与共。看似简洁的四字短语，其实暗含着假设的关系，因此，译者在翻译过程中要使用"if"明确承上启下的关系，体现英语句式"形合"的特点。因此，该典故可以翻译为 If the lips are gone, the teeth will feel cold.

例3. 燕雀安知鸿鹄之志

这句典故来源于郑州市。其中，"安知"提示该句是反义疑问句，起强调的作用，这种修辞方法在英语中也经常出现，若译作 A sparrow cannot understand the ambition of a swan, 并不能体现原文的真正意图，建议翻译成反义疑问句："How can a sparrow know the will of a swan?"

（二）文化维的适应转换

文化维适应性选择转换就是译者在翻译过程中关注双语文化内涵的传递与阐释。这种文化维的适应性选择转换在于关注原语文化和译语文化在性质和内容上存在的差异，避免从译语的文化观点出发曲解原文。译者在进行原语语言转换的同时，需关注适应该语言所属的整个文化系统（胡庚申，2004）。语言是文化的载体，中原典故蕴含着丰富的中华文化，典故翻译中的难点多是由于中西文化差异造成的。但对一种语言在另一种语言里可能没有对应词，或者在两种语言里，某些词语表面上似乎指同一事物或同一概念，其实指的是两回事，这就造成了翻译的困难。

对熟知典故的中国人而言，一接触到典故，曾经中国的历史事件、历史人物就鲜活生动地呈现在眼前，即使不太熟悉历史，也会明白其引申的内涵。但由于文化的缺失，英语读者未必能够领会，这时候尽量要寻找在西方文化中的对应词，如果没有对应词，就要顺应译入语文化，创译出目的语读者所能理解的译语，顺利完成文化维的适应转换。

例 4. 五十步笑百步

这个典故源于河南开封地区，出自先秦的《寡人之于国也》，用来比喻自己跟别人有同样的缺点或错误，只是程度上轻一些，可是却讥笑别人。译文 1：those who retreat 50 paces laugh at those who retreat a hundred paces. 该译文虽然以"retreat"（退却、撤退）形象表达出原文暗含的意思，但由于文化背景的不同仍旧没有传达出准确的含义。译文 2：pot calling the kettle black. 这个习惯用语来自 17 世纪用炉子里生火煮饭的年代。那时候无论是 Pot 还是 Kettle，长年累月经炉火烧烤都会变得一样的焦黑，要是锅子数落水壶黑的话，其实它自己也半斤八两，好不到哪儿去。这个译文贴近西方文化，我们可以直接拿来用，以满足英文读者的需求。

例 5. 爱屋及乌

这个典故源于河南鹤壁地区，出自《尚书大传·大战》："爱人者，兼其屋上之乌。"乌指的是乌鸦，我国古代以为乌鸦是"不祥之鸟"，它落到谁家的屋上，谁家就要遭遇不幸。但是，因为爱一个人而连带爱他屋上的乌鸦，比喻爱一个人而连带地关心到与他有关的人或物。英语中有一句习语"Love me, love my dog."正好和这个典故成语有异曲同工之效，顺利完成了文化维的顺应转换。

（三）交际维的适应转换

交际维的适应性选择转换就是译者在翻译过程中关注双语交际意图的适应性选择转换。这种交际维的适应性选择转换要求译者除语言信息的转换和文化内涵的传递之外，把选择转换的侧重点放在交际的层面上，关注原文中的交际意图是否在译文中得以体现。交际维要求译者在中原典故翻译中首先必须考虑到译者和读者在文化背景、思维方式和表达习惯等方面的差异，并在英文翻译中灵活运用直译、意译、音译等多种翻译方法，以达到交际的目的。

例 6. 毛遂自荐

这个典故源于河南新乡地区，这个成语用来比喻自己推荐自己，不必别人介绍。至今仍活跃在中国人的日常交往之中，但不同语境有不同的所指。它可以指毛遂自荐这个成语，也可以指毛遂自荐电视栏目，还有毛遂自荐电影。根据不同的语境，不同的交际需要，翻译成不同的版本。例如，"毛遂自荐有时也是有必要的"翻译成英文，没必要加上 Mao sui，直接译作"Self-recommendation sometimes is nothing but necessary"即可。根据需要也可以翻译作"volunteer to""offer oneself"等，但是在翻译"毛遂自荐"这个电视栏目时，为了保护节目的原创性，需要按照音译的方法直接译作"Mao sui zi jian"。

在翻译中原典故时，要以生态翻译学理论为指导，译者要发挥主体功能，努力维持翻译生态统一，不能停留于表层的语言转换，要充分考虑语言、文化、交际三个维度的转化效果采取相适应的翻译策略，翻译出高质量的译文，为中原文化走向国际舞台奠定基础。

# 第七章　生态翻译学视角下的英语教学研究

## 第一节　生态翻译学及其对翻译实践的指导意义

随着国家之间文化交流的深入,翻译的重要性逐渐凸显。我国翻译学者通过学术研究与实践探索,从不同角度对翻译学进行构建,其中生态翻译学就是立足于生态整体主义理论,结合生态系统的内在联系,依靠文本的生命与译者的能力而形成的一门新的翻译理论。本节从生态翻译学的基本内容出发,对翻译中体现出的生态系统的理性特征进行探究,进而结合实践思考生态翻译学对翻译工作的指导意义。

### 一、生态翻译学体现出的生态理性特征

生态翻译学是我国著名翻译家胡庚申教授于 2001 年提出的,该理论是基于生态学途径对翻译活动的一次研究,因此具有"生态学"和"翻译学"相互交叉的性质。在生态翻译学理论研究中,胡庚申教授对翻译概念、翻译实质、翻译原则、翻译方法、翻译过程和译文评价标准都形成了独到的分析,并从生态学的视角对翻译过程进行了全新解读。根据生态翻译学理论,翻译是一种以译者为中心的、译者适应与译者选择的交替进行的循环过程,因此,在翻译过程中,通过译者与生态环境的互动形成了生态理性,而其特征主要表现为:

第一,注重整体/关联。生态环境是不同要素相互关联、相互影响的整体。生态学研究对整体、关联的概念十分重视,并阐明个体与整体之间的辩证关系,以维护生态整体的平稳与恒定。在翻译学中也是如此,翻译生态中也牵扯各个相关元素,而各元素相互作用、相互影响,对整体生态环境具有一定的塑造作用,如翻译管理、翻译市场、翻译教育、翻译本体等各个生态元素的关联,共同成就了翻译生态体系。

第二,注重动态/平衡。自然生态系统始终处于动态循环发展的过程中。在能量守恒的前提下,能量在不同生态环节中分配、流动,物质的输入与输出,促使生态系统在"推陈出新"的同时又能够实现内部协调运转。在翻译学中,动态平衡的理念也同样适用,即翻译者的翻译活动需要与外界生态系统保持输入与输出,获取外部翻译资源的同时,也需要进行资源输出,而也是以译者为中心建立起的翻译群落的形成过程。

第三,注重生态美学。自然界对于美的创造灵感是无穷无尽的,也是令人震惊的。生态系统能够基于内部自治的逻辑,对美学元素进行精准的设计与搭配,从而形成令人神往的美

学体验。在生态翻译学理论中，翻译者也需要从自然生态中获取灵感，通过对形、音、意的不懈追求，展现出作品在逻辑、结构、情感、风格等方面的美学价值，而这就是翻译生态美学最基本的要求。

## 二、结合翻译实践分析生态翻译学的指导意义

生态翻译学研究的发展，打破了生态学与翻译学之间的学科阻隔，让生态学概念成为翻译学的指导，同时利用翻译反映生态学意义，这对于现代翻译工作具有重要的指导意义。目前许多学者结合生态翻译学理论对文学作品进行了实践应用，这对于推进我国文化对外传播具有重要意义。前面已经阐述，在生态翻译学中，语言、文化、交际三个维度构成的翻译伦理作品的呈现具有重要影响，而利用其构建翻译生态，也是文学作品翻译中常见的思路。

由于汉英分属于不同的语言体系，作者的表达习惯、文化背景等导致语言呈现存在巨大差异，因此，翻译者用充分重视翻译作品的整体翻译生态，对词汇的选择、句子的设计以及意境的呈现进行全面把控。例如阎连科的作品《受活》，根据罗鹏的英译本，将如下一段话进行翻译：

原文：又用右手食指的那堆血上蘸一下，在那生白布上重重摁一下，使那生白布上有梅花猩红的一个手印儿。

译文：Next, she dipped her right index finger in the blood and pressed it onto the white cloth, leaving a scarlet fingerprint.

在《受活》的原作中，作者用"梅花猩红"修饰茅枝婆的手印，其在语言表达上既能凸显出白布与红花色彩对比的艳丽与妖娆，也能够凸显茅枝婆作为家长的清醒与独特，而这与中国传统语境中，梅花高洁、傲雪、独立的文化内涵紧密契合。在原作中，梅花的寓意是中国读者与作者之间在语言与文化上的默契，但是在英文中，梅花虽然能够找到对应的词汇，却没有独特的文化联想，因此在翻译生态中语言中包含的情感内涵必然会有所缺失，作者在译文中也只是表达出了"猩红"（scarlet）一词，并没有对"梅花"进行准确的表达，而这在翻译生态中也出现了失衡。基于此，根据生态翻译学理论，我们在翻译中应该兼顾其中的语言风格，梅花在文化中呈现出的象征意义，以及在汉英在交际层面的差异，利用"mume"来表达其中的含义，则能够更好地实现翻译生态平衡，兼顾翻译的工具性与人文性。

翻译的主要目的是为了实现文化宣传，因此基于生态翻译学理论，译者在翻译活动中，需要从文化生态系统出发，对原文的文化内涵进行挖掘，并通过文化对比找到准确的解释，以实现汉英文化生态的融合与统一。例如在古诗《赠汪伦》的翻译中，许渊冲基于生态翻译学进行了如下翻译：

原文：李白乘舟将欲行，忽闻岸上踏歌声。桃花潭水深千尺，不及汪伦送我情。

译文：I, Li Bai sit aboard a ship about to go, when suddenly on shore your farewell songs overflow. However deep the Lake of Peach Blossoms may be, it is not so deep, Wang Lun, as your love for me.

在原诗中，"踏歌"是我国古代的一种活动形式，即一边用脚踏着拍子，一边唱歌，这是传统文化中的一部分。一些作者在翻译时会直接进行翻译，如翻译家 Barnstone 将其翻译为"stamping and singing"，汉学家 Burton 翻译为"tramping and singing"，这都是从字面含义进行翻译，没有兼顾中国传统文化生态特征；而许渊冲则采用意译的方式，用"songs overflow"来表达出踏歌的情境，很好地表达了传统诗词中呈现的诗化意境。

综上所述，生态翻译学从新的角度推动了翻译学的发展。生态翻译学不仅在实践中形成了一定的研究成果，在思想层面对翻译工作也起到了重要的指导作用。因此，翻译工作者应深入研究生态翻译学理论，并结合翻译实践加以运用，以提高翻译质量，并结合翻译活动推进生态学研究，进而促进文化的交流与推广。

## 第二节 胡庚申"生态翻译学"的方法论特征及其意义

生态翻译学在翻译理论研究的整体推进中显示出越来越明显的贯通融合性。它以生态学作为翻译学理论研究的基础和前提，确立了生态思维与翻译活动之间的有效契合，并通过生态取向的整体主义方法为翻译活动提供一种新思路，它所独有的生态范式和生态结构，赋予了翻译活动整体的研究视野，这使它与传统翻译学形成鲜明对比，为当代翻译学的理论建构提供了可资借鉴的方法和路线。

生态翻译学的奠基之作始于生态翻译学先驱者胡庚申的《翻译适应选择论》(2004)，成熟之作源于《生态翻译学：诠释与建构》(2013)。作为一种相对年轻而又成熟的生态分析方法的确立，生态翻译学迎合了 20 世纪 70 年代哲学的生态整体转向趋势，其兴起和发展与 20 世纪以来全球性的生态思潮与生态研究取向具有密切关联。生态翻译学大力倡导从宏观生态理性角度来研究翻译，并基于生态翻译学的基本思想，系统地论述了翻译的生态范式、生态理性、翻译生态环境、译者中心、适应/选择、"三维"转换、平衡和谐、生态移植、译者责任、适者生存等研究焦点与理论视角，逐步健全了生态翻译学的学科体系，充分证明了生态翻译学具有强大的解释力。就此而言，生态翻译学为翻译研究提供了新的解读方式，并为考察翻译生态范式提供了新的方法论思路。

### 一、翻译生态取向的路径突破

在翻译理论的研究中，生态分析(生态取向)作为一种重要的方法论工具日益显示出其独有的功能和巨大的魅力。它作为一种翻译活动的解释方式和翻译理论的探索方法，本身就处于动态发展和不断完善的过程中，生态思维的引入和生态翻译学的提出，无疑是翻译学发展的路径突破与方法超越。因此，对生态翻译学思想基础和内在动力来源的考察与探究，以及对生态翻译学形成的基本脉络和理论特征的分析，将有助于我们充分理解生态翻译学在当代翻译研究与翻译理论分析中的重要意义，更加合理地把握其方法论体系。

生态翻译学发展的内在动力：翻译生态与自然生态的关联序链。胡庚申(2004)对翻译生态与自然生态的关联特征进行论证在很大程度上是建立于达尔文的"自然选择"基础上的，并且接受了"译者(译品)要适应翻译生态环境，要接受翻译生态环境的支配"的论断。胡庚申(2010a)明确指出，翻译生态与自然之间的关联性、类似性和同构性是生态翻译学的存在性和客观性的重要理据；寻找关联、相似或同构的过程，其实是一个化繁为简的过程，是一个寻找规律、逼近规律的过程。虽然国际翻译界曾经以生态学视角对翻译进行讨论，如彼特·纽马克(Newmark 1988：95)的翻译生态学特征、罗森纳·沃伦(Warren 1989：6)的翻译认知和生存模式、戴维·卡坦(Katan 1999：45)的翻译生态环境，但他们并没有在真正意义上系统地从生态学的视角探讨翻译活动，更没有从理论层面上构建生态翻译学的理论模式。在生态翻译学的视角下，"生态"是一种具有普遍意义的翻译特征，成了构造生态翻译的新的"根隐喻"，使翻译生态与自然生态获得了内在关联，使适应/选择成为翻译生态与自然生态之间关联序链的核心概念，其意义就在于"使翻译生态与翻译环境构成一个新的具有动态性、层次性、个体性等特征的和谐共存、生生不息、水乳交融、互相交织的范畴"(方梦之 2011)。自此，翻译生态取向就发生了根本性变化，它旨在回答生态翻译学的本体论问题："何为译"——翻译即适应与选择；"谁在译"——译者主导、译者中心；"怎样译"——汰弱留强/求存择优、选择性适应/适应性选择；"为何译"——适者生存、强者长存、译有所为(胡庚申 2010b)。

在生态翻译学领域中，以生态的方式看待与探究翻译理论，成了胡庚申的特识。"生态"具有了翻译方法论的意义，既成为胡庚申翻译思想的主导概念，又成为生态翻译系统中深层次的核心概念，对生态翻译学的思维方式与翻译活动起着重要作用。由此而言，翻译活动是生态的。那么，它要走向何处或说它生态的趋向是什么呢？对此，胡庚申(2011)为其指明了明确的方向："生态翻译学以生态整体主义为视角，以华夏生态智慧为依归，以'自然选择'原理为基石，是一项探讨生态翻译、文本生态和'翻译群落'生态及其相互作用、相互关系的跨学科研究。换言之，作为一个具有显著'跨学科'性质的生态学翻译研究途径，生态翻译学倚重翻译'生态'、取向文本'生命'、关注译者'生存'，是一项利用生态系统的理性特征、从生态学视角对翻译学进行综观的整合性研究。"即，翻译生态与自然生态要完成真正的和谐统一与互联互动，翻译生态环境要成为译者生存与文本生命的翻译存在的基础，成为对译者而言生态存在着的既关注文本生命又关注译者生存的"存在者"与"此在者"。

生态翻译学建构的基础：生物进化论。21世纪初叶由胡庚申创始的翻译适应选择论被视为生态翻译学的奠基之作与经典思想。它以自然生态与翻译生态之间的互动关系作为分析对象，运用自然选择的基本原理解释翻译过程，以适应选择为机制对翻译活动的刻画作为展开过程，以适者生存与汰弱留强作为译品生存的结果，其主要工作就是对达尔文核心思想的利用与移植，以及对生物进化论思维的引入和借鉴。

生态翻译学的思想来源是达尔文的生物进化论思想。与达尔文的思想相对应，生态翻译学明确肯定了翻译生态与自然生态之间的关联通融性，强调了翻译的实现就存在于适应性选择与选择性适应的生态翻译活动中，源于文本生命、适者长存于译者生存之中的翻译活动，从而摒弃了微观层面的单一模式的传统翻译论思想。生态翻译学特别强调翻译的整体主义思想，并且立足于翻译活动的生态环境，由此任何翻译活动不再是单一静态的，而是整体动态的。由于翻译本身是一个整体的生态活动，因此，起决定作用的并非某种翻译策略而是"译者对翻译生态环境多维适应和适应性选择的累计结果"（胡庚申 2004）。可见，胡庚申将生态翻译学的任务确定为"选择"与"适应"在翻译活动过程中寻找到最佳适应与优化选择的翻译方法论具有重要意义。胡庚申 (2008a) 明确指出，将"自然选择"的基本原理运用到翻译中去就是：译者 ( 译品 ) 要适应翻译生态环境，要接受翻译生态环境的支配。从这个意义上来说，生态翻译学与达尔文生物进化论思想在理论分析的基本模式和倾向性等方面都具有一脉相承的内在关联性与交叉通融性。这种关联通融性一出场就超越了传统翻译意义上对翻译活动的理解，它将翻译活动定格于一种宏观生态理性的视域里，一种翻译本质有望企及 ( 具有深层意义的译论基础与译学体系 ) 的理想和憧憬，为翻译生态环境下的翻译生态、文本生命、译者存在、适应 / 选择、适者长存等生态翻译提供了生存的依托、存在的庇护所、生命的栖息地、适者的守护人与适应选择的优先权。

　　生态翻译学形成与应用的理论必然性。首先，翻译活动与自然生态之间的内在关联以及翻译过程的整体主义思想是生态翻译学理论建构的起点。生态翻译学试图在方法论与认知论层面上建立一种关于翻译的生态范式，其实质是强调翻译作为生态取向与自然生态的一致性，并将其范式看作是从生态学视角以适应与选择为核心理念对翻译进行整体性综观的生态范式。其次，生态翻译学为不同翻译学理论与不同翻译研究途径建立了可供沟通的桥梁与渠道。从方法论特征来看，生态翻译学相对于语言学视角、目的论视角、文化学视角等翻译研究途径来说具有较大的方法论包容性和理论优势。它的立论视角是"生态"，是从生态视角对翻译进行整体论思想的跨学科研究。它强调"牵一发，动全身"的整体性与生态和谐性特征，蕴含着"译学""译论"与"译本"三个研究层次的关联，是其他别的翻译研究途径难于比拟的，因此具有方法论意义上的包容性。就理论优势而言，我们可以在一种生态系统中将翻译活动整体化与生态化，从而体现出"学"（译学）、"论"（译论）、"本"（译本），或者使"人"（译者）、"本"（译本）、"境"（译境）关联互动、有机融通、"三效合一"，构成一个平衡和谐的翻译研究"共同体"。由于生态翻译学具有跨学科性与整体论性，在方法论上它力图从整体性对翻译活动进行生态介入与范式转换，并对翻译活动与翻译方法分析的整体背景下提出了适应性选择与选择性适应的双重要求。总而言之，生态翻译学主张基于翻译生态与自然生态的相关性，将翻译活动置于翻译生态环境之中，从适应 / 选择机制出发，将翻译生态、文本生命与译者生存等生态概念结合起来，从而对翻译活动的表征状态及其与翻译生态环境之间的相互作用进行了较好而有效的描述与解释。它将翻译活动的内部翻译生态、外部生态环境及其相互作用整合成一个整体的生态体系，用以说明翻译生态与翻译环境之间的共生互存与和谐统一关系，而这种关系的形成自始至终是受适应 / 选择机制调节的，因而它在本质上脱离了那种单一平面化的翻译模式的困境，给出了一条较合理的生态化路径与整体论方法。

　　21 世纪初叶以后，生态翻译学的发展方兴未艾，朝向"生态"而蓬勃发展。它在其产生和演化过程中，广泛融入了现代整体主义分析的整体性思想，并与当代翻译哲学与翻译理论对译者、译文、译品、译论、译学的反思紧密相关，因而呈现出多样化的发展形态。因而，生态翻译学对于实现生态学与翻译学的内在融合，建构不同类型的翻译理论研究途径的融通互联起到了重要作用，为现代翻译学理论的进一步发展提供了新的生长点与制高点。

## 二、翻译生态分析方法的创新

生态翻译学的生态分析方法具有自我完善和理论建构的特征，作为一种有效的翻译工具和手段，在其演变过程中不断对其理论本身进行修正和补充，它所具有的整体论思想和进化论思想为翻译分析研究方法的丰富和完善提供了启迪性的思路。

翻译的多向因果范式。生态翻译学引入了进化论思想，在方法论论题上它与整体论一脉相承，力图摒弃单一的翻译模式，舍弃以往翻译研究视角的单一化与平面化，力求将翻译活动的翻译生态与自然生态关联起来，并由此把关注的焦点投置于翻译的生态整体性上，使翻译认识论的研究域面得以拓展。如果我们将以前的翻译研究途径看作是一种还原论视角下的单向因果范式，那么生态翻译学就是一种整体论视角下的多向因果范式。事实上，无论是翻译适应选择论，抑或是生态翻译学，它们都蕴含着整体论与生态学的思想。如此说来，生态翻译一开始就具有生态意义上的多向因果范式，它包含着翻译生态、文本生命、译者生存与译者责任，彼此之间构成一个相互作用相互依赖的统一体。从翻译生态到文本生命、从译者生存到译者责任，都蕴含着一种动态的互联互动与和谐共存，这种和谐共存使翻译研究从传统翻译学的窄式内容转向生态翻译的宽式内容，构成一种方法论意义上的多向因果范式。换言之，生态翻译学把翻译活动归结为一种多向因果范式，就必然地要引入生态学思想，而生态学思想则渗透了整体论的价值取向，与翻译学形成一种内在的整体性关联融通。一旦在翻译活动与整体论的价值取向之间搭取了由此及彼的桥梁，那么翻译活动的整体性及其多向因果范式就会得到实质性的贯通与强化。因此，当我们说生态翻译学具有宽式内容与整体论思想，其实就是表明生态翻译学是一种生态学意义上的多向因果范式，既是源语、原文与译语系统相互作用的因果关系，又是翻译生态环境下各种因素相互作用而动态生成的宏观生态理性与和谐共生。这充分说明了生态翻译学"取向于文本'生命'，关注于译者'生存'，致力于翻译'生态'"（思创·哈格斯 2011），能够深入翻译活动的各个层面，全面生态理性地把握翻译理论的整体结构。因此，开辟宏观生态理性道路和探讨创建翻译生态分析方法，已构成了当代翻译学研究与探索的译者责任与译者使命。

翻译活动的生态回环反应式。生态翻译学吸纳了进化论思想，将翻译生态分析导向了语言、社会、文化、认知和交际等语境研究的广阔领域，为翻译研究开辟了新的维度。21世纪初，基于对以往的翻译学理论的全面反思和对达尔文"适应/选择"学说的阐释与借鉴，胡庚申意识到在翻译学理论的发展过程中，有必要将"适应/选择"学说与翻译学结合起来，分析具有整体性的翻译生态表征过程。而胡庚申将"适应/选择"学说与翻译学进行结合分析的思路正体现了生态翻译学的研究旨趣，它"将有望打破西方翻译理论'一统天下'并终结东西方翻译理论生态'严重失衡'的局面；同时也有利于构建东西方翻译理论平等对话的平台"(思创·哈格斯 2013)。正是通过"适应/选择"学说具有翻译活动的复杂机制、内部准则与生态范式，翻译活动的生态性特征才能够得以形成。换言之，翻译活动在"适应/选择"的生态过程中形成了"关联序链"的认知路径，"类似/同构"的生态特征与"适应选择"的理论体系。可见，以"适应/选择"为核心思想的生态翻译学有助于理解翻译生态环境下翻译与语言、文化、人类、自然界之间的协调性特征与关联序链关系。

从适应/选择的概念本质和目标来看，生态翻译学试图运用达尔文"适应/选择"学说中的核心思想，对翻译生态的表征特征进行更加精准的理解。具体来说，适应与选择是译者在翻译生态环境下的本能，是翻译过程中凸显"译有所为"的实质。译者在翻译过程中既要适应又要选择；适应中有选择，即适应性选择；选择中有适应，即选择性适应。那么，翻译就被描写为译者适应与译者选择的交替循环过程：适应的目的是求存、生效，适应的手段是优化选择；而选择的法则是"适者生存""汰弱留强"(胡庚申 2008b)。译者/译品为了生存与发展，就必须适应翻译生态环境，通过适应性选择与选择性适应的手段适应翻译生态环境，在适应与选择之间找到了最佳平衡点，形成了翻译过程中的译者、译品、翻译生态环境与适应/选择之间所谋求的"适者生存/汰弱留强"的翻译生态回环反应式：

译者/译品为了生存和发展(必须)适应翻译生态环境(通过)适应性选择与选择性适应(达到)适应翻译生态环境(最终)译者/译品要生存和发展。

总之，在翻译学研究"朝向生态而生长"的路途中，胡庚申无疑是促成翻译学与生态学紧密结合的开拓者，使翻译活动突破了单一模式的障碍而能够在翻译生态环境中得以生态化与整体化。生态翻译学对整体论与生物进化论思想的引入，既说明了生态翻译学理所具有的关联通融性特征，这使它能够在方法论层面上实现与其他翻译研究途径的互通和借鉴；也反映出 21 世纪初叶以来人们对翻译学研究的开放性态度与跨学科思维，充分展现了生态翻译学方法论的创新意义。

### 三、生态翻译学的整体性特征与生态范式

任何一种生态学视角下的翻译理论研究都具有整体性，是一种立足于宏观生态理性而对翻译的本体论问题——何为译、谁在译、怎样译与为何译——进行根本性的回答，它强调翻译就是适应与选择，其核心理念就是以译者为中心，以选择性适应与适应性选择作为翻译的主导方法，凸显了翻译就是要以适者生存为原始目的，建构了一个将翻译适应选择论与生态翻译学之间桥接起来的"论学一体"的同源贯通的生态范式。这种范式使生态翻译学超越了以往不同的翻译理论研究模式，与其他的翻译理论研究视角形成一个具有整体性的翻译本体生态系统，从而极大地扩展了翻译学研究的内涵和结构。

翻译适应选择论与生态翻译学的贯通互融。不可否认的是，翻译适应选择论的分析过程与展开思路与胡庚申后期的生态翻译学的发展具有内在的关联性与同源性。随着翻译适应选择论的研究由微观/中观层面上的适应/选择朝着宏观生态理性的转变，生态翻译的渗透力实

际上是将翻译活动的理解确立在整体论性的生态取向基础上，逐渐将翻译研究从适应/选择的分析转变为翻译生态的研究、从单一的翻译研究视角转变为生态化整体的研究。由此，以生物进化论作为重要理论启示来源的翻译适应选择论和后续发展的生态翻译学，它们是"同源"的，是一种源委的关系和继承的关系，本质上是一致的(胡庚申 2013：61)。

早期的翻译适应选择论也涉及生物进化论，在理论内核上并没有与生态学真正结合起来，而生态翻译学则深化与扩展了翻译适应选择论的内涵，并且对翻译适应选择论具有很大的兼容性与包容性。可以说，生态翻译学从理论上突破了翻译适应选择论作为翻译理论研究的"中观与微观"层面思维，彻底系统地以生态学为"根隐喻"演绎提出平衡和谐、多维整合与多元共生等具有生态取向的翻译原则，衍生出一系列诸如翻译生存、翻译生态、翻译生态环境、群落移植、适应性选择、选择性适应、求存择优、和谐共存、共生互动等具有生态特征的翻译术语，扩展了翻译学理论研究的方法论视角。这样，生态翻译学的生态分析路径相较于翻译适应选择论而言，既是一种继承又是一种超越，更具有哲学理性的、宏观生态理性的和整体论思想的方法论优势。

翻译生态分析的意义在于对翻译生态、文本生命与翻译群落生存进行合理解释，而生态翻译学则通过翻译的生态性和翻译的整体性的拓展使这种解释效力得到了极大的提升与拓展。因此，生态翻译学并没有否定以往的翻译理论研究视角的翻译效力，而是遵循宏观生态理性，以生态学为视角对翻译学进行综观的整体性研究，从而更加凸显了翻译生态范式的理论解释力与实践有效度。这种生态范式的意义在于它不仅为翻译适应选择论赋予了生态学的解释，并且有效地实现了翻译适应选择论与生态翻译学的贯通互融，从而极大地拓展了生态翻译学的发展空间。

翻译生态化整体方法的构建。当我们从翻译生态环境中的源文与译文、作者与译者、语言与文化、社会等互联互动的整体生存与存在看待翻译时，我们会发现当前的翻译研究视角所面临的问题就在于研究视角的单向因果范式与方法立论的单一平面化。这就从根本意义上要求获得一种解决翻译研究存在问题的正确途径，使译者的存在和译品的存在、作者的存在与源语的存在、翻译的生命真正达向和谐共生，促进翻译生存走向真正意义上的和谐统一。这种方法就是胡庚申的生态翻译学视域下的翻译生态化整体方法——就是指生态地和整体地看待翻译生态环境与翻译的存在、看待译者的存在和作者的存在、看待源文的存在与译品的存在，并整体地和生态地去"适应生存"与"汰弱留强"的思维视野、思想境界、价值取向与翻译原则。

生态翻译学伴随着自己理论的创新与发展，越来越强调翻译过程中的整体思维和生态理性，正是这一点生态翻译学超越了单向因果范式的翻译研究视角，赋予了翻译理论全新的解读方式。需要指出的是，站在以译者为中心与整体性思维的立场上，译者必须在翻译活动中出于翻译生态的考量既要适应翻译生态环境，又要以翻译生态环境的"身份"实施对译文的选择，并通过适应性选择与选择性适应实现翻译之"译有所为"的生态化整体，这正是生态翻译学整体性特征的体现。翻译生态本身具有一种潜在的整体性与动态性，这就需要译者作为翻译活动的主体，充分展示自己的适应能力与选择能力，遵从自己的译有所为。它意味着译者的适应与选择之间存在着一种动态的互动关系，译者要在翻译生态环境中做出适应性选择，就必须掌握翻译生态的整体性以及翻译与语言、文化、社会、交际、认知之间的协调性，以便做出动态的、最优的、整体的选择性适应。

翻译生态化整体方法能够遵循宏观生态理性，特别强调翻译的整体性，本质上来说就是努力打破以往翻译理论研究视角的单向因果范式，除掉单向因果范式的"蔽"与"魅"，使翻译活动重新恢复对翻译生态环境和译者整体和完整的思维方法与生态意识。因此，翻译生态化整体方法视域中的整体，既不是抽象意义上的整体，亦不是脱离翻译环境的整体，而是翻译生态意义上的整体。翻译的整体在于，翻译是以一种生态场的形式存在着，因而翻译生态是一个不可分割的并永远是"适应生存"与"汰弱留强"的整体，最终通过译者的生态营造来实现一种翻译环境的生态完美、文本生命的和谐互生与翻译群落生存的和谐统一。

概而言之，生态翻译学是一个极为有用的"思想引擎"与"翻译研究的战略意识"（罗迪江 2016），为翻译理论研究及其分析方法的进步提供了有力的支撑。它超越了翻译适应选择论的翻译方法，其自身在理论建构时结合了生态学的前沿成果，从翻译生态、翻译环境、翻译存在、翻译生存、文本生命、翻译群落生存等方面为翻译理论研究以及翻译适应选择论注入了新鲜的血液，因而使这些术语被赋予了全新的翻译理论体系的意蕴，从而使其与生态学相容而展示出生态学的与整体论的路向，符合当代翻译学发展的跨学科性与理论交叉性趋向，受到了众多翻译学家与学者的青睐与拥护。

通过 21 世纪生态翻译学所展现出的丰富理论视域和生态分析方法的梳理与厘定，我们清晰地看到翻译学家胡庚申对翻译学及其方法论特征所做的富有创见性的生态学解释是一种整体性的生态综观。它将翻译的生态研究方法从横向上不断扩展，从纵向上不断延伸，不仅力图实现翻译适应选择论与生态翻译学之间的融合，而且逐步有意识地将翻译生态分析的基础锚定在贯通翻译理论与翻译学、自然科学与人文学科、翻译学科与哲学理性的翻译生态语境思维基础上，实现了翻译学在宏观层面上的理论建构。生态翻译学自身在其发展过程中不断完善理论方法与研究路向，"既有新的定位和取向，更有新的发掘和超越，是以《翻译适应选择论》为基础的译论新发展"（胡庚申、刘爱华 2016）。这正是它能方兴未艾并应用于不同翻译理论视角的分析和解释的生命力所在。生态翻译学作为翻译分析方法中的一种独特研究视角和理论，它的发展和创新在当代翻译学的整体推进中显示出越来越明显的整体论性与理论交叉性，与这种特性紧密相关的具有最大包容性的生态学思想与整体论思想为生态翻译学理论建构的趋向提供了高瞻远瞩的引导和牢不可破的基础，从而在未来的翻译学发展道路上开创更加广阔的研究空间与探索平台。

# 第三节　生态翻译学理论对
# 旅游景区公示语英译的指导意义

公示语是外国友人了解中国的人文地理文化的重要窗口，其作用不可忽视。然而，由于种种原因，在中国的各大旅游景区内，公示语的英译错误百出，令人痛心。从生态翻译学视角出发，通过语言维、文化维、交际维三个维度来探讨其对旅游景区公示语英译的指导意义。

生态翻译学（Eco-translatology）这一理论起源于国内学者胡庚申教授在2001年12月6日举办的国际译联第三届亚洲翻译家论坛上宣读的一篇题为《翻译适应选择论初探》的论文。十余年来，这一理论受到了来自国内外众多专家学者的广泛关注。生态翻译学涵盖面广，既包含对译学理论的研究，又可以用来指导翻译实践，具有生态学和翻译学跨学科交叉性质。而"翻译生态环境"和"译者适应选择"是最能体现这一理论的核心概念。生态翻译学认为，译者是翻译过程中一切"矛盾"的总和。"译者为中心"的翻译理念把活生生的、感性的、富有创造性的译者推向译论的前台，使翻译建立在真实的、具体的译者基础之上。

从生态翻译学角度来看，翻译方法被概括为"三维"转换，即在多维度适应与适应性选择的原则之下，相对地集中于语言维、文化维和交际维的适应性选择转换。中国译协副会长黄友义指出，"作为应用翻译的一个新领域，公示语翻译质量对提升城市品位，改善城市形象至关重要"。由此可见，公示语英译的质量关系着一个旅游城市的整体形象。在此，笔者以湖北武汉著名的东湖磨山、沙湖等旅游景区为例，从生态翻译学的视角出发，通过语言维、文化维、交际维三个维度来探讨其对旅游景区公示语英译的指导意义。

## 一、语言维适应性选择转换

语言维适应性选择转换是指译者在翻译过程中对语言形式的适应性选择转换。翻译的最终目的是为了交际，而交际过程是一个据意而择言，就言而得意的过程。所以，在翻译过程中，译者首先要注重语言形式是否规范。经笔者调查发现，武汉的很多景区公示语英译的语言维错误集中体现在语言转换过程中单词拼写、标点、大小写不规范、低级语法错误、名称不统一、用词不当、滥用汉语拼音、硬译等方面。

### （一）拼写、标点、大小写不规范等低级语法错误

在沙湖公园，"绿色有限，爱心无限"告示牌被译为"But Your Knid Heart Is Boundless"（"knid"应为"kind"）。在东湖景区，"four passenger allowed"中"passenger"应使用复数形式（passengers）。"敬请期待"被译为"Look for it"（应该是 look forward to it）。"磨山大门"竟被写成"Mosan Door"（应为 Mo shan）。"由于天气原因，本景区滑道已停止营业。由此给您带来的不便，敬请谅解"被译为"Due to the reason of weather, slideway stopped operating in the scenic spot. Hope you could understand of the inconvenience caused" 建议修改为"Due to the weather, the slide way has stopped at the scenic spot. We apologize for any inconvenience"。

## （二）同一景点名称的译文不统一

"沙湖公园"被译为"Sand Lake Park"（直译法）和"Sha-Hu Park"（拼音法）。在东湖听涛景区，"磨山"被译为"Mo mountain""Mo shan scenic area"和"Mo shan Hill"。在同一公示牌上，"游船"也被译成了"sightseeing boats"和"cruises"。

## （三）用词不当

公示语作为一个城市乃至国家的名片，其作用不可忽视。公示语的英译更能体现一个城市的文化底蕴，是对外宣传城市形象的重要手段。因而，任何公示语的英译失误都会造成严重的后果。胡庚申指出，翻译适应选择论的翻译方法就是侧重"三维"间的转换。所以，我们在公示语英译时，应根据公示语的不同目的和功能，在生态翻译学的指导下，将"三维"（语言维、文化维、交际维）有机结合，采取适当的翻译原则和策略，提高译文整合适应选择度，从而达到翻译的最佳效果。

## （四）滥用汉语拼音

汉语拼音在英语中经常被使用，如表示街道、道路名称，"中山路"（Zhongshan Road）；涉及中国人名的场所，"周恩来故居"（Former Residence of Zhou Enlai）；有中国特色的商标名，"李宁（运动装）"（Li Ning），"黄鹤楼（香烟）"（Huang He Lou）。但是，在有些公示语中使用汉语拼音，对于那些完全不懂汉语拼音的外国游客来说是毫无意义的，如"楚才园"被译为"Chu cai Garden"，外国游客根本就不知道这里的花园是做什么的，所以建议译为"Hall of Chu Talents"。

## （五）硬译，也称为中式英语，即按照中文逐字逐句翻译

"……以防安全事故"被译为"in case of any safety accidents"，这里的"safety"就是多余的。"3分钟可取"被译为"3 minutes to get the photo"应为"3 minutes' photo"。

## 二、文化维适应性选择转换

文化维适应性选择转换是指译者在翻译过程中关注双语文化内涵的传递和阐释。翻译不仅仅是交际的方式，更是文化的传递。中西方由于所处地域不同，有着各自不同的历史发展进程，因此其文化底蕴也大相径庭。文化背景和思维方式的不同，会导致人们对同一源语所指的内涵有不同的理解，也会影响交际效果。

### （一）套用国际常用的英文公示语的习惯表达，适应受众的文化和思维习惯

在景区湖边通常会有"水深危险，注意安全"的标识牌被译作"The water is deep. Pay attention to your safety"这里我们直接套用国际通用的习惯表达"Warning：Deep Water"即可。再如，"小草青青，足下留情""小草对您点头笑，请您将路绕一绕"等也有对应的英译文表达，"Keep off the Grass"。如此一来简洁地道，也让外国游客一目了然。

## （二）文化负载词的释义和加注

在旅游景区会出现一些关于某个景点的背景介绍，其中会有一些文化负载词，但是由于东西方文化差异，有时候很难在译入语中找到对等的词，这时就有必要对这些文化负载词进行释义或加注。如在磨山景区，在介绍"楚天台"这一景点时，"春秋时期楚灵王所筑章华台"被译为"Zhang Hua Tai, created by Duke Ling of Chu during the Spring and Autumn Period"。这里，"春秋时期"和"楚灵王"就是典型的文化负载词，但是，由于中国古代是按照当时的帝王的统治时间来标记年份的，而西方社会是按照基督纪元来标记年份的，所以如果译者在翻译时不对其进行加注以补充说明，外国游客会感到困惑。因此，此处应译为"Zhang Hua Tai, created by Duke Ling of Chu（540BC-529BC）during the Spring and Autumn Period（770BC-476BC）"。

## （三）对于译语文化维中"空缺"的汉语公示语，采取不译或者灵活变通的方法

如，在景区内会有"禁止随地吐痰""严禁大小便"等标识牌，若被翻译成"No spitting""No pissing and shitting"则会让外国友人很反感。他们会认为我们觉得他们连最基本的礼貌和文明都不懂，此时我们就可以不译。

### 三、交际维适应性选择转换

交际维适应性选择转换是指译者在翻译过程中关注双语交际意图的适应性选择转换。"翻译是一种跨文化的交际活动，译者除了关注语言信息和内涵的传递之外，更要关注译文中交际意图的传递。任何信息如果不起交际作用，都是毫无用处的。"

## （一）指令性话语的语气适当

在磨山公园大门有一个"门前禁止停留"的标识牌被译为"Prohibition of Staying in Front"。这里"prohibition"语气过于强硬，给人一种命令和强制的感觉，读来生硬冰冷，缺乏礼貌，倘若我们使用"No Standing Here"语气就会柔和很多，显得更加礼貌，同时也达到了告诫游客不要在大门处停留的交际效果。

## （二）禁忌语的委婉表达

在很多旅游景点，60或70岁以上的老人可以免票，所以售票处的标识牌上会出现"Free for old people"的译文。在西方文化中，"老人"不能用"old"来表达，用"senior citizens"比较恰当。再如，"无障碍坡道"中的"无障碍"被译为"accessible"也是对禁忌语"disabled"的委婉表达。

从生态翻译学角度来看，翻译方法被概括为"三维"转换，即在多维度适应与适应性选择的原则之下，相对地集中于语言维、文化维和交际维的适应性选择转换。在生态翻译学理论指导下，判断译文翻译质量的标准是整合适应选择度，即译者产生译文时，在语言维、文化维、交际维等多维度适应，并照顾到其他翻译生态环境因素的适应性选择程度的总和。这

里，笔者试举出一例"整合适应选择度"较高的译文。"文明景区人人爱，和谐有你更精彩"，是放置在磨山景区大门的一条公示语，被译为"Our contribution to the environment makes a harmonious scenic area"。从语言维度上来看，用词简单、句型精练，符合西方游客的阅读习惯和审美标准。从文化维度上来看，把源语中的"你"译为"our"，体现了西方社会个体的独立性及全民共同参与的理念。从交际维度上来看，"our contribution to the environment"号召全民的共同参与，体现了平等性，"harmonious scenic area"与我们全人类提倡的和谐共生相呼应。总的来说，这一公示语用词精练，语气适当，并达到了其呼吁全民参与、保护景区环境的交际意图，是一条整合适应选择度较高的译文。

# 参考文献

[1] 邓俊叶，王琳.基于语块理论的大学英语翻译教学模式的构建[J].常州信息职业技术学院学报，2017，16（1）：53-56.

[2] 刘晓萌.生态翻译学视域下的大学英语翻译教学研究[J].西部素质教育，2017，3（10）：103-104.

[3] 陈梅霞.基于建构主义理论的翻译教学模式改革与实践[J].海外英语，2015，31（23）：93-95.

[4] Austermül Frank.应用型翻译人才的电子工具[M].北京：外语教学与研究出版社，2006.

[5] 刘晓民，刘金龙.大学英语翻译教学：问题与对策[J].山东外语教学，2013，34(05)：69-73.

[6] 肖丽.母语负迁移在英语翻译教育实践中存在的现象及解决策略[J].内蒙古师范大学学报(教育科学版)，2016，29(9)：130-132.

[7] 肖乐.试论旅游英语翻译中的创造性[J].外国语文(四川外语学院学报)，2011，27(4)：93-97.

[8] 高梅.项目课程模式下商务英语翻译教学改革[J].价值工程，2016，35(31)：144-146.

[9] 周妮.中国茶文化对外传播中英语翻译策略探析[J].福建茶叶，2017，39(05)：295-296.

[10] 陶冉冉.大学英语翻译教学存在的问题及对策[J].吕梁教育学院学报，2016，33（3）：67-68.

[11] 李亚蕾."互联网+"背景下大学英语翻译教学模式的创新路径[J].湖北函授大学学报，2018，31(8)：163-164.

[12] 曹野."互联网+"背景下医学英语评注式翻译教学模式的构建[J].中国医学教育技术，2018，32(1)：66-69.

[13] 黄旦华."互联网+"背景下大学英语翻译教学模式创新研究[J].教育理论与实践，2017，37(15)：53-54.

[14] 杜开群.关于高校英语语言学教学问题及对策分析[J].山东农业工程学院学报，2017，34（2）：5-6.

[15] 郑雨.高校英语教学中模糊语言学的语用意义分析[J].西部素质教育，2015，1（6）：46.

[16] 朱先明，王彬 . 体育新闻标题翻译中的译者主体性探析：以隐喻翻译为中心的考察 [J]. 淮北师范大学学报（哲学社会科学版），2016, 37（5）：79-82.

[17] 杨飞 . "ESP" 理论视角下的大型国际赛事体育英语翻译现状分析 [J]. 成都体育学院学报，2015, 41（3）：64-67.

[18] 李淑康，李克 . 英语体育新闻语篇翻译的转喻现象探析 [J]. 厦门理工学院学报，2011, 19（4）：94-98.

[19] 刘建芳 . 浅谈中西文化差异对英语翻译的影响 [J]. 开封教育学院学报，2004, 24(1)：58-60.

[20] 刘静 . 浅析中西方文化差异对翻译的影响 [J]. 长江大学学报（社会科学版），2012, 35(6)：105-106.

[21] 赵桂华 . 翻译理论与技巧 [M]. 哈尔滨：哈尔滨工业大学出版社，2002.

[22] 庄绎传 . 英汉翻译简明教程 [M]. 北京：外语教学与研究出版社，2002.

[23] 冯伟年 . 最新汉英翻译实例评析 [M]. 西安：世界图书出版西安公司，2005.

[24] 陈雪松，李艳梅，刘清明 . 英语文学翻译教学与文化差异处理研究 [M]. 西安：西安交通大学出版社，2017.

[25] 冯庆华 . 文体翻译论 [M]. 上海：上海外语教育出版社，2002.

[26] 曹顺庆 . 中国古代文论话语 [M]. 成都：巴蜀书社，2001.

[27] 汪榕培，卢晓娟 . 英语词汇学与教程 [M]. 上海：上海外语教育出版社，2001.

[28] 平洪，张国扬 . 英语习语与英美文化 [M]. 北京：外语教学与研究出版社，2000.

[29] 王令申 . 英汉翻译技巧 [M]. 上海：上海交通大学出版社，1998.

[30] 陈文伯 . 英语成语与汉语成语 [M]. 北京：外语教学与研究出版社，1982.

[31] 於奇 . 世界习语文化研究 [M]. 郑州：大象出版社，2003.

[32] 冯庆华 . 实用翻译教程 [M]. 上海：上海外语教育出版社，1997.

[33] 朱竹芳 . 陶瓷英语基础教程 [M]. 北京：高等教育出版社 2013.

[34] 廖国强 . 英汉互译理论、技巧和实践 [M]. 北京：国防工业出版社，2006.

[35] 程晓堂 . 英语学习策略：从理论到实践 [M]. 北京：外语教学与研究出版社，2002.

[36] 吕敏敏 . 古诗英译中语法隐喻现象对比研究 [D]. 江西师范大学，2015.

[37] 戴冬苗 . 翻译补偿视角下的查良铮诗歌翻译研究 [D]. 广东财经大学，2014.

[38] 郭建军 . 英语格律诗的节奏汉译研究 [D]. 西北师范大学，2013.

[39] 宫萍 . 关于汉英诗歌艺术构思相似性的个案研究 [D]. 吉林大学，2012.

[40] 刘金梅 . 翻译美学视域中许渊冲的中国古典诗词英译研究 [D]. 广西师范大学，2011.